U0924483

易中天中华史

*The History of China* / 01

# 祖先

易中天 著

浙江文艺出版社
Zhejiang Literature & Art Publishing House

果麦文化 出品

# 目录

*Contents*


*第一章* / **夏娃造反**

创世与造人 _ *003* 女娲的前身 _ *009* 走进伊甸 _ *013*

为什么是裸猿 _ *018* 与神合谋 _ *022* 第一次革命 _ *027*

*第二章* / **女娲登坛**

死对头 _ *033* 葬礼与赞美诗 _ *039* 蛙女神 _ *044*

月亮不说 _ *051* 作证还是作案 _ *056* 嫦娥的私奔 _ *061*

*第三章* / **伏羲设局**

日出时分 _ *067* 天下第一厨 _ *072* 革命就是请客吃饭 _ *077*

披着羊皮的蛇 _ *083* 在神面前 _ *088* 凌晨五点 _ *094*

*第四章* / **炎帝东征**

炎帝是谁 _ *101*　证人狄俄尼索斯 _ *106*　图腾柱，竖起来 _ *111*
牧羊鞭与指挥刀 _ *116*　蛇的第二次出场 _ *120*　谋杀与强奸 _ *126*

*第五章* / **黄帝出场**

黄帝不姓黄 _ *133*　身世之谜 _ *139*　拐点 _ *144*
用什么摆平江湖 _ *148*　战神蚩尤 _ *153*　风展龙旗如画 _ *157*

*第六章* / **尧舜下课**

真有尧舜吗 _ *163*　部落大联盟 _ *168*　禅让还是夺权 _ *172*
杀机暗藏 _ *176*　死里逃生 _ *180*　最后一班岗 _ *185*

*后记* / **破冰之旅**

第一章

# 夏娃造反

人之初，性本性。
夏娃骑上剑齿虎闲庭信步，
完成了与神的合谋。

## 创世与造人

梦中惊醒后，女娲（读如蛙）开始造人。

说不清那是早晨还是黄昏。天边血红的云彩里，有一个光芒四射的太阳，如同流动的金球包在荒古的熔岩中；另外一边是月亮，生铁般地又白又冷。二者之间，是忽明忽灭的星星和来历不明的浮云。

女娲却并不理会谁在下去，谁正上来。[1]

没错，此刻她的心思全在孩子们那里，完全顾不上什么太阳和月亮。太阳和月亮成为性别象征和文化符号，其实要到很久以后，何况那两个星球也不是女娲造的。这就跟《圣经》里面创造了一切的上帝（God）很不一样。他们只有一点是相同的，那就是造人，而且是用泥土。

但，就连这件事，也差异甚多。

◎上帝创造亚当

米开朗基罗的这幅《创造亚当》是关于上帝造人场景的著名描述，指尖相触，人获得了灵魂。原作是梵蒂冈西斯廷教堂天顶画的一部分。

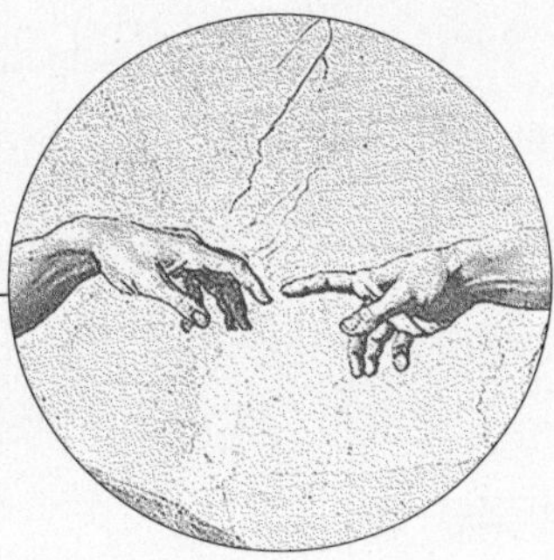

上帝造人是一次性的。在创造世界的最后一天，上帝先用泥土造了亚当，又用亚当的肋骨造了夏娃，再把他们安顿在伊甸园，就完成了所有的工作。之后，是休息。哪怕他俩不听告诫，被蛇诱惑，偷吃禁果，犯下原罪，也不管。

显然，上帝造人很轻松，甚至有点漫不经心。

女娲就辛苦得多。她先是用黄土和泥，把人一个又一个地捏出来。我们不知道，伟大母亲的处女作是男是女，也不知道开始时创造了多少，但可以肯定不止两个人。从女娲的传说看，她老人家的本意竟是要造出全体人类。

这当然不堪重负。于是灵机一动的女娲，便只好扯下一根藤条沾上泥浆，再举起一甩，把人批量地甩出来。因此后来有人说，富贵者，就是女娲用黄土亲手所造；贫贱者，则只是当时洒落在地上的泥浆。看来，富贵贫贱，虽然都是女娲子孙，但真要“不分先后”，还是有点难。[2]

更麻烦的是，即便如此批量生产，也不能从根本上解决问题。女娲又只好向地位更高的神申请媒人的职位，以便帮助人们谈婚论嫁，让人类自己男女结合，繁衍生息。[3]

直到这时，她才光荣退休。

可惜，树欲静而风不止，战争爆发了。

交战双方似乎都是女娲的子孙，一个叫共工，另一个叫祝融。不过，跟所有远古传说中的人物一样，他们也都半人半神。祝融是火神，共工是水神。水火难容，刀兵相见并不奇怪。奇怪的是，原本应该可以灭火的水竟然战败。

恼羞成怒的共工，便一头向一座山撞去。

洪水滔天，山体滑坡不可避免。更为严重的是，这座由于被共工撞坏而得名“不周”的山，原本是擎天柱。擎天柱倒了，后果可想而知：天崩地裂，水深火热。

人类面临灭顶之灾。

已经闲下来的女娲也只好再次出山。她先是烧炼了五色的石头填补天上的漏洞，然后又砍断一只大鳌的四条腿作为柱子，把眼看就要坍塌下来的天穹重新支撑起来，这才让世界恢复正常，让人类重归安宁。不过，天地已经无法完全恢复原状。西北的天有点倾斜，所以日月星辰都往西走；东南的地有点低洼，所以长江黄河都往东流。[4]

这些事情，上帝可曾做过？

没有，也不可能。

奇怪！女娲为什么要忙个不停，又一管到底呢？

很简单，她不是造物主，不是创世神。创世神只需要揭开序幕，造出一男一女，就可以不闻不问，一切皆由被创造者好自为之，或咎由自取。可惜女娲不是。除了人，天地万物都不与她相干，就连做媒也要别的神批准。难怪《楚辞·天问》会质疑：女娲有身体，她是谁造的？

问得好！因为这其实是在问：

世界是谁创造的？

谁才是终极创造者？

抱歉，无可奉告，因为我们没有创世神。盘古，只是分开了原本就有的天地；混沌，则连自己都是被开窍的。他们都不是创造者。按照中国哲学，创造者可能是《老子》的道，或者《周易》的易。道，倒是跟上帝一样无象无形，但可惜没有动手，也不是神。易，就更没有神性和神格。

也就是说，终极创造者缺位。

没有终极创造者，或终极创造者没有神性和神格，是中华文明的一大特点。它对于我们民族的深刻影响，以及由此造成的成败得失，无疑是只能从长计议的话题。现在能够肯定的是：在世界神话的谱系里，女娲不是第一个神，也不是第一个人，甚至不是第一个女人。

第一个女人是谁？

夏娃。

## 女娲的前身

无妨把夏娃看作女娲的前身。

女娲有前身吗？有。因为她是母亲，或母亲神。她的造人，她的做媒，她的补天，都意味着母亲的伟大和慈爱。我们并不知道她造了多少人，又造了多少天，先造男还是先造女。这些问题，都没人能回答，也没人去关注。因为对于母亲来说，诸如此类根本就不成问题。

但，母亲都是从少女做起的，女娲也必有前身。

可惜，正如达尔文为从猿到人“缺失的一环”（Missing Link）而苦恼，由于终极创造者缺位，在我们的神话谱系里也找不到从造物主到母亲神的关联环节。那厚德载物的女娲之前，没有天真烂漫的少女，哪怕她半人半神。

自己缺失，就只好借一个。

问题是，有必要吗？

有。因为人同此心，心同此理。实际上，自从人在自己的世界里睁开了眼睛，一个巨大的问号就长期悬挂在他的头顶：我是谁？我从哪里来？要到哪里去？这是应该也必须回答的。作为地球上唯一具有自我意识的物种，人类需要这样一种解释、慰藉和安顿。无此交代，我们将心神不宁。

这个交代，就叫“身份认同”。

身份认同是一个永恒的话题。它表现为现实，表现为历史，也表现为神话。实际上，作为世界各民族都有的文化遗产，神话和传说绝非碰巧的偶然存在。人类创造它们，无非是要借助神和神话传说人物，弄清来历，记录历史，解释现象，回答问题。有此履历和档案，焦虑才会克服，冲动才能满足，身份的认同才有了可能。

有此认同，我才是我，我们才是我们。

创世神话，就这样不由自主地产生。因此，它们绝不是茶余饭后的街谈巷议或者蜚短流长，而是民族的信念甚至信仰。这样的神话我们一定有过，麻烦仅仅在于失传。

也只能借鸡下蛋，以他山之石攻我山之玉。

那么，有可能吗？

可能，因为人就是人。尤其是在远古原始时代，世界各民族的思路、模式和方法论，大同小异，如出一辙。几乎所有的创世神话都在重复虚构，而且惊人地相似。比方说，中国和西方的神话都认为，世界上原本没有人，人是被创造出来的。造人的材料都是泥土，创造者也都是神。

神话，是世界范围的集体梦幻。

这就可以资源共享。比方说，把夏娃看作地球上第一个女人。或者说得更准确一点，看作全人类“少女时代”的文化符号和代码。毕竟，女娲和夏娃，都并非确有其人。

但，为什么是夏娃？

因为只有她，才具备中间环（Link）的双重性。创世纪的故事说得很清楚，上帝刚刚把她创造出来时，亚当只是叫她女人，偷吃禁果以后才叫她夏娃，理由是她将成为“众生之母”。也就是说，之前她是少女，之后她是母亲。[5]

可惜，夏娃也有麻烦。

夏娃的麻烦在于，她是世界上第一个女人，却不是第一个人。第一个人是亚当，夏娃却是用亚当的肋骨创造的，是第二个人。或者说，是神与人的共同作品。只不过上帝在动这手术时，似乎没有使用麻醉剂，而是用了催眠术。

然而由此产生的问题却让人大惑不解：女人跟男人的肋骨，又有什么关系？作为上帝的创造物，夏娃为什么要跟上帝作对？作为亚当的肋骨，她又为什么要去诱惑亚当？亚当的肋骨诱惑亚当，岂非自己诱惑自己？

这是一个“达芬奇密码”。

密码套着密码，疑云罩着疑云。过去我们只知道女娲来历不明，现在看来夏娃也履历不清。她们之间存在着某种神秘的关系，却反倒可以确定。甚至各自承担的文化角色和历史使命，还会一脉相承，尽管属于不同的神话体系。

因此，必须侦破此案。

其实这并不难。答案远在天边，近在眼前，关键在于我们能不能真正走进作案现场——伊甸园。

谜底，也许就藏在那园子的某个洞穴里。

## 走进伊甸

伊甸园，在东方，有人说它就是中国的新疆和田。和田古名于阗。于阗、伊甸，读音相近，没准是同一个地方。更何况，那里还有一棵巨大的无花果树。亚当和夏娃遮身蔽体的叶子，就是从那棵树上扯下来的吧？

这当然是姑妄言之，也只能姑妄听之。其实，伊甸园可以是空间概念，更可以看作时间概念。或者说，世界上也许并没有什么“伊甸园地区”，却未必没有“伊甸园时代”。

问题仅仅在于，它是什么时候？

心智初萌的小儿时节。

小儿时节的人类可怜兮兮，只能组成最小的群体来各自谋生，甚至只不过把猿群变成了人群。这在人类学上，就叫做原始群（primitive horde）。原始群是分散、弱小和自生自

◎**生物演化顺序简表**

| 时间 | 代表生物 | 地质时代 |
|---|---|---|
| 650 | 单细胞生物 | 晚前寒武纪 |
| 600 | | |
| 550 | 多细胞生物 | |
| 500 | 鱼 | |
| 450 | 陆生植物 | |
| 400 | | 古生代 |
| 350 | 昆虫 | |
| 300 | | |
| 250 | | |
| 200 | | |
| 150 | 恐龙 | 中生代 |
| 100 | | |
| 50 | | 新生代 |
| 0 | 猛犸　人 | |
| (百万年前) | | |

据《不列颠百科全书》英文版。

灭的，由此构成了人类早期的文化点。这些小不点大多烟消云散，只留下些许蛛丝马迹供考古学家研究和凭吊。

存活下来的原始群，则会形成靠血缘关系相结合的血亲团体，这就是氏族（clan）。氏族联合起来就是部落（tribe），部落联合起来就是部落联盟（tribal confederacy）。当部落联盟足够强大时，就会进入文明，变成国家（state）。

国家的诞生是文明的标志，社会的发展则是人类族群通过迁徙、兼并、繁衍和扩容，不断变化壮大的过程。从原始群到氏族是由点到面，然后则是由面到片（部落），由片到圈（部落联盟），最后由圈到国（国家）。

一言以蔽之：点、面、片、圈、国。

显然，这些类型既是组织形式和社会形态，也是历史阶段，因此都该有神话传说中的代表人物。比方说，代表国家诞生的是夏启，代表部落联盟的是尧舜，代表部落的是炎帝和黄帝，代表父系氏族和母系氏族的是伏羲和女娲。

那么，代表原始群的是谁?

夏娃，也只能是夏娃。

这似乎不对，也不爽，但没有办法。文化符号是要有内涵的，其中必须有密码。女娲造的人，不管是捏出来的还是甩出来的，有内涵有密码吗？没有，甚至没有性别。他们也没在伊甸园待过，无法成为我们的向导和线人。

夏娃却一身是谜。

比如上帝造夏娃，为什么不再用泥土，却要从亚当身上卸下一根肋骨？有人说，这是为了表示“男人的一半是女人”。好，就算是吧，那为什么不能先造夏娃，再用夏娃的肋骨造亚当？女人的一半也是男人呀！

这样问，是问不出名堂的。

正确的方法，是倒过来推理。

怎样倒推？

看结果。

上帝这样造人的结果是什么？是夏娃在伊甸园大造其反，惹是生非。受蛇诱惑的是她，偷吃禁果的是她，怂恿亚当也犯下原罪的还是她，简直就是害群之马。

这一点都不奇怪。夏娃在伊甸园原本就是异性，也是异类。时间，亚当在先，她在后；原材料，亚当是泥土，她是肋骨；性别，亚当是男人，她是女人。夏娃与亚当，既不同时，也不同质，还不同性。若不招惹是非，才是怪事！

这就让人起疑。

上帝，为什么要多此一举地造出这么个狐狸精？难道全知全能的主，竟不知道这娘们是迟早要颠覆伊甸园的？

还有诱惑夏娃的那条蛇，又从哪里来，是什么玩意？如果它也是上帝所造，则无异于创造了罪恶；如果是从别处混入，则无异于纵容了罪恶。创造也好，纵容也罢，上帝并不全善；如果蛇的混入上帝并不知情，则不全知；如果知情而不能阻止，则不全能。既不全知，又不全能，还不全善，则上帝何以为之神，还是绝对和唯一的？

这是一个难解之谜。

实际上，伊甸园的故事恐怕是一个惊天疑案，背后则是上帝的良苦用心，如果真有上帝的话。不管怎么说，勘破此案需要人类的卓越智慧。这就只能另案处理，再写一本书来讨论，书名也许就叫《上帝的预谋》。

不过有一点却很靠谱，那就是亚当和夏娃吃下了智慧之果，变得“心明眼亮”以后，便立即慌乱起来。他们情急之下的反应，竟是用无花果叶发明了人类第一条三角裤。

是什么让他俩惊慌失措？

难道是那赤裸的身体么？

正是。

很好！秘密也就在此。

## 为什么是裸猿

亚当和夏娃扯下无花果叶那一刻，是全人类的人之初。

太阳依旧是暖洋洋的。风在林间穿梭，并没有传播小道消息。瀑布一如既往地飞流直下，然后奔向大海。花儿兴奋或寂寞地开放着，鱼们都不说话。剑齿虎慢条斯理地闲庭信步，照例惊起草丛中的山鸡，把叶尖的露珠碰落下来。

一切都没变，变了的只有人。

是啊，人类是那样的与众不同。鸟有羽，兽有毛，鱼有鳞，龟有甲，几乎所有的动物都衣冠楚楚。唯独人，除了头部、阴部和腋下，基本裸露，寸草不生。难怪英国动物学家莫里斯要管人类叫“裸猿”，这样的猿确实独一份。

人，你这样一丝不挂地鹤立鸡群，不孤独吗？

这确实是个问题。

实际上，人类原本跟其他灵长目动物一样，也是浑身长毛的。灵长目分三科：猴、猿、人。猿科与猴科的区别是无尾，人科与猿科的区别是无毛。无毛无尾却有皮下脂肪，这在一百九十多种灵长目动物中，是唯一的例外。

就连其他“裸友”，在现存的四千二百多种哺乳动物中也为数不多。它们是少数非同一般的庞然大物（如犀牛和大象），掘地三尺的潜伏特工（如鼹鼠和犰狳），翻江倒海的水中健儿（如河马和海豚），但统统加起来也仍是“少数民族”。何况犀牛和大象还是有尾巴的。更何况这些裸体动物的生存环境和生存方式，跟人类还是那样的不同。

其实有条尾巴也不错，比如《阿凡达》里面潘多拉星的纳威人。但所有的猿，大猩猩、黑猩猩、长臂猿，都没尾巴也没有颊囊。所有的人，包括外星人，也都没有毛，比如纳威人和 ET。这当然是地球人的想象，然而天才的卡梅隆宁肯让他们长尾巴，也不让他们长毛，可见裸体的重要。

这就需要强有力的正当理由。

科学界也有种种假说，比如幼态延续、信号识别和贪图凉快。的确，黑猩猩的幼崽是无毛的，裸露皮肤也容易把自己跟其他猿类区别开来。走出浓荫覆盖的森林后，为了防止中暑，类人猿似乎很有必要脱下那身皮袄。而且，自从学会了烤火，他们也不必担心在冬天会因此感冒。

然而没有人能够回答，为什么只有我们这支猿类延续了无毛的幼态，又为什么要把自己弄得与众不同？同样，学会烤火是在变成裸猿之前还是之后，也未可知。因此，也有科学家说是不想在吃饭时把身上弄脏，害怕长寄生虫等。

猜想真是层出不穷，遗憾的是不能自圆其说。

比较靠谱的说法，是我们曾经下海。也就是说，森林猿在变成平原猿之前，先变成了海洋猿。这就能回答，为什么人类跟鲸和海豚一样，无毛而有皮下脂肪；为什么我们可以在水中游刃有余，黑猩猩却只能望洋兴叹。就连流线型体形和直立行走的姿势，也都能得到合理的解释。

可惜这种假说，至今未能得到考古学的支持。没有化石作为证据，一切都是猜想。何况此说也无法解释：为什么裸猿身上部分地保留了浓毛。头发好讲，因为游泳时头部露在水面。阴部呢？难道类人猿穿着泳裤？还有，为什么婴儿出生时只有头发，而且会长得比任何灵长目动物都长？

海洋猿的说法，也有问题。

那么，莫里斯自己怎么说？

这位英国科学家的解释是：人类从毛猿变成裸猿，不是要做脱衣舞娘，而是要当运动健将。也就是说，面对动物界那些职业杀手，无论死里逃生还是逐鹿中原，我们都必须露出皮肤，增加汗腺，以便在狂奔之时快速降温。[6]

这当然很历史唯物主义。但，为什么那些同样面临生死存亡的动物，包括狩猎的狮和虎，逃命的兔和鼠，都不必技术革新，脱下毛衣换成皮下脂肪，唯独人类需要？难道仅仅因为我们原本生活在森林，是平原上的外来户？

找不到原因，就只能看结果，再倒推动机。那么，裸猿毅然脱掉那身裘皮大衣，又得到了什么好处？

变得性感。

任何有过正常性生活的人恐怕都知道，赤身裸体和衣冠楚楚，哪一种更能给人性的刺激。《阿凡达》里的纳威人光着身子，就因为他们也要恋爱并做爱。但这跟我们的问题有什么关系呢？难道偷吃禁果之前，亚当和夏娃是长毛的？

嘿嘿，难讲。

要解开这个谜团，必须先回答两个问题。首先，我们的远古祖先变成裸猿以后，是不是比毛猿性感了？其次，性感之于人类文化和文明有没有作用和影响，哪怕这作用和影响是负面的？前者是事实判断，后者是价值判断。第一个问题必须先回答。因为没有事实判断，价值判断就等于零。

# 与神合谋

事实是毋庸置疑的。

人，肯定是地球上性能力和性快感最强的物种。人类不像其他哺乳动物那样还有发情期，反倒随时随地都可以想做就做。次数的频繁，姿势的多样，感觉的欲仙欲死，动作的花样翻新，更是让动物们望尘莫及。是啊，黑猩猩的阴茎小如钉子，狒狒的交配时间超不过十秒，哪能有高潮？

性高潮，是人类独有的。

至少可以说，女性的是。

雄性动物可能要另当别论。即便插入只有几秒，它们也应该会有射精的快感。的确，为了保证物种的延续，造物主也好，自然界也罢，都必须让雄性时刻处于战备状态，同时也要对它们的良好表现进行犒劳和奖赏。

雌性动物却不需要这份奖励。或者说，怀孕就是对它们最好的奖励。因此，它们只在发情期交配，并且会没脸没皮地勾引雄性，贪得无厌地接受插入。但这并非性欲旺盛，只是为了增加受孕机会。因此，母猴们往往对公猴的表现无动于衷。而且一旦交配结束，便会若无其事地一走了之。[7]

事实上，雌性动物从来就不“为性交而性交”。对于它们来说，性不是生活，而是任务，或者手段，即怀孕的条件和必须。一旦怀孕，就会拒绝雄性的进入。换句话说，雌性动物没有“超越生育目的”的两性关系，只有生殖。

只有生殖，也就没有性。

没有性，便不需要性感。

性感既然只属于人，那它就是人性。

人之初，性本性。

这应该不成问题。

实际上，性感既是性爱的快感，也是性别的美感。快感也好，美感也罢，所有的可能都来自于人猿之别，甚至就是对“从猿到人”之革命成果的直接享受。

比如直立。

直立使男女双方面对面时，性信号区和性敏感区，包括可以传情的眉目，准备接吻的嘴唇，能够抚摸的乳房，终将紧密结合的生殖器，都一览无遗；也使人类能够面对面地结合在一起，并在做爱时凝视和亲吻对方。当然，还可以自由地变换各种姿势和体位，这可比动物们爽多了。

还有用手。

没有一双灵巧的手，拥抱和抚摸，前戏和后戏，便都不可能。但如果没有体毛的脱去，皮肤的裸露，所有这些都将大为逊色。你能想象两个毛茸茸的人抱在一起是什么感觉吗？取暖倒是合适，做爱就不好说。

直立、用手、裸露皮肤，是人类进化的三大成果。正是这些革命成果，使性变成生活。

现在我们知道，上帝造人为什么分了两次，又使用两种材料了。因为人的进化是分阶段的。从猿，到类人猿，到类

◎人类进化示意图

猿人，再到人，其实是一个渐进的过程。其中质的飞跃和变化，则是由“正在形成的人”，到“完全形成的人”。

亚当就是前者，夏娃就是后者。夏娃肯定是裸猿。至于亚当，是毛猿还是半裸，无可奉告。

但，人类与类人，界限分明。

完全成人的标志是有了意识，这表现为偷吃禁果，心明眼亮。既然已经是人，就必须告别自然界，这表现为逐出乐园，自己谋生。初步成人靠自然，因此泥土造亚当；完全形成靠自己，因此肋骨造夏娃。至于那条蛇，则其实是藏在人类内心深处的，所以上帝管不了，也不能去管。

这是人与神的一次合谋。

合谋何以达成，并不清楚。可以肯定的是，人与神心照不宣配合默契，在创世纪中是如此，进化论里也一样，只要将上帝替换为自然界就行。至少，从毛猿到裸猿，从发情到性感，从动物到人类，这三件事是同步的。它们之间如果居然没有联系，那才真是咄咄怪事。

洞中方一日，世上已千年。亿万年的进化，在上帝那里不过弹指一挥间。也许，正是在古猿变成人类，即变成两腿无毛之动物时，亚当被上帝做了手术。

从这天起，才有了人类学意义的性别。

以前，则只有生物学的。

问题是，为什么只能是亚当的肋骨造夏娃，不能是夏娃的造亚当？或者说，为什么夏娃只能在亚当之后？

因为只有夏娃，才能迈出革命性的关键一步。

这一步，就是从生殖到性。

## 第一次革命

生殖变成性，是从猿到人的重要转折。它的深刻意义和深远影响，绝不亚于人类历史上任何一次革命。

领导和发动这次革命的，是夏娃。

当然是夏娃，也只能是夏娃。或者说，是女人。道理则很简单：动物之所以没有性，完全因为雌性除了生殖目的别无所求。不难想象，如果它们也有“无关生育的性欲”，自然界就会有妓院了，只不过性工作者会是雄性。

显然，我们不能指望亚当来革命，他也革不了。从生殖到性，真正发生了变化的只可能是女人；起着决定作用和关键作用的，也只可能是她们。所以，蛇想要引诱和能够引诱的，必定是夏娃。夏娃接受蛇的诱惑，则说明她觉得男人那东西挺好。或者说，女人已经有了“性趣”。

女人解放，人类也就解放了。

事实上，如果女人没有性的愉悦，她们就不会在没有生育需求时，也对男人的要求说OK。同样，也只有在女人体验到性高潮，至少体验到性快感，而且有了性冲动和性需求时，交配才变成了做爱。这时，男人体验到的快感，跟他充当雄性动物之日，堪称天壤之别，完全两样。

由此带来的结果，也有两个。

第一个结果，是人类对性生活兴趣盎然乐此不疲。第二个结果，则是女人在一段时间内，只愿跟某个男人做爱，反之也一样。这在女人是相对容易的，对于男人则比较难。于是上帝只好亲自出手，让伊甸园里那条蛇失去了翅膀。其中的文化指令十分明确：不得花心！

不过，这种相互吸引的爱情，很快就变成了冒名顶替的婚姻。毫无疑问，这里面显然有着实用和功利的考虑。一个直截了当的原因是社会分工：男人必须外出狩猎，女人必须看家养娃。结果是，女人不能任由男人在外寻花问柳，自己和孩子则饥肠辘辘，嗷嗷待哺；男人也不能容忍自己历尽艰辛带回战利品，却在家里看见了“她的他”。

所谓“对偶关系”，就这样形成了。

与之相适应或相配套的生理变化，是女人即便怀孕，甚至在月经期，也能接受并满足男人的求欢。因为让男人长期处于性饥渴状态，显然是不现实的。所以，女人必须对自己的身体做出调整，以免爱情或婚姻崩溃；而当女人能够这样调整时，人类距离动物便已经十万八千里。

此时的伊甸园，堪称天翻地覆。

变化接连发生。起先是生殖变成了性，然后是性变成了爱情。再然后，爱情异化为婚姻，婚姻产生了家庭，家庭构成氏族，氏族变成部落和部落联盟，最后又产生国家。我们原来的那个猿群，也就在这不知不觉中变成了社会。

与此同时，人类的两性关系也发生重大变化。

首先是变得私密。像动物那样当众交配，已经让人不可容忍和不好意思。常规的方式是在夜间和室内进行，以便避人耳目。于是，睡觉和房事便成为性生活的代名词，性器官也被称为私处，也就是仅限于私下使用的私人物品。与之相适应的，是野合和性表演变得具有刺激性，前者成为情侣间例行公事的补偿，后者则往往成为前戏的一部分。[8]

◎玉斧上的男根纹

◎贺兰山岩画

接下来，是随意变成庄严。但也不是变得神秘，而是变得神圣。正如我们将在下一章讲到的，性在原始社会甚至成为一种巫术，文明时代则有情人节和婚礼。浪漫一点的，还会希望约会和上床间或能有仪式感。总之，它不再简单地只是纯自然的生理行为，而是社会生活。

也就是说，本能变成了文化。

这一切，又都因为女人。

起先是夏娃，然后是女娲。

夏娃是少女时代的女娲，女娲是成熟阶段的夏娃。夏娃变成女娲，就是蒙昧时代变成了野蛮时代。这个新时代是以制陶术开场的，正如前者的标志性成果是吃鱼和用火。有了火，黑夜不再漫长。有了陶，文化就能留下足迹，我们也很快就会在那些荒古的遗物上看见女娲的微笑。[9]

值夜班的猫头鹰，可以歇息了。

黎明的天空曙光初现，晨星犹在，月色朦胧。功成身退的夏娃将亲眼目睹女娲一鸣惊人地横空出世，并见证她作为中华民族的伟大女神，光芒四射地站在那风起云涌的黄土高坡，成为中华史上第一座文化里程碑。

第二章

# 女娲登坛

生与死，
秘密都在女人。
女娲变成蛇，
是世界性和历史性的错乱。

## 死对头

重见天日的女娲，样子并不好看。

我们这里说的“女娲”，在欧洲被叫做“维纳斯”。她们是一些考古发现，即原始民族塑造的母亲神像。其中最古老也最代表性的有两件：一件是法国出土的浅浮雕，叫“洛塞尔的维纳斯”；另一件是奥地利出土的圆雕，叫“温林多夫的维纳斯”。她们的岁数，都在二万五千年左右。

后来，越来越多的“维纳斯”在世界各地相继出土，以至于在法兰西西部到俄罗斯中部之间，形成了一条延绵 1100 英里的“维纳斯环带”（venus zone）。[1]

当然，这是西方人的命名。如果愿意，也可以叫“洛塞尔或温林多夫的女娲”。咱们自己的“维纳斯”则在山海关外的红山文化遗址出土，一共两件，年龄大约五千多岁。

抱歉打扰了，老奶奶们！

唤醒这些女娲或维纳斯的不是王子之吻，而是考古队的锄头。事实上，她们恐怕也不好意思叫做睡美人。没错，这些雕塑作品无一例外的都是裸女形象，乳大、臀肥、性三角区线条明晰，却一点都不性感。她们或者面目模糊，或者表情呆板，或者头部低垂，或者双臂萎缩，或者腹部隆起，或者全身肥胖，或者双腿变成了一根细细的棒子，根本就没法跟古希腊那断臂的维纳斯相提并论。

至于咱们那两位老祖母，干脆就是孕妇。

显然，这不可能是性爱之神夏娃，只可能是母亲之神女娲。乳大意味着奶多，臀肥意味着善育，性三角区线条明晰则意味着孩子从那里出生。安纳托利亚（Anatolia）的一尊撒塔尔·胡尤克女神像，就明明白白是在分娩。

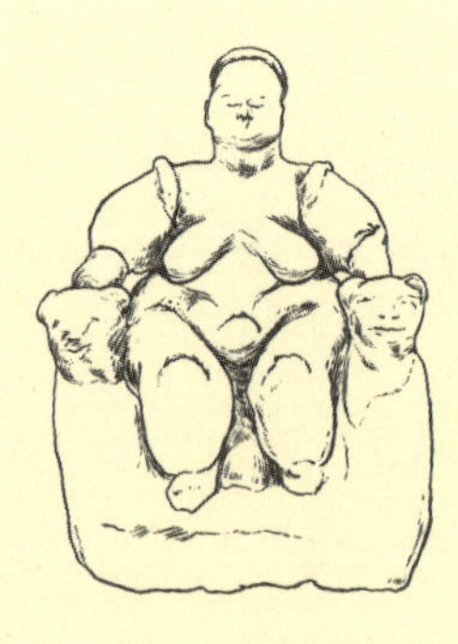

**◎撒塔尔·胡尤克女神**

这是一尊撒塔尔·胡尤克分娩女神像，出自约公元前6000年的安纳托利亚。杰克·佩奇根据詹姆斯·梅拉特的画所作。

◎维纳斯

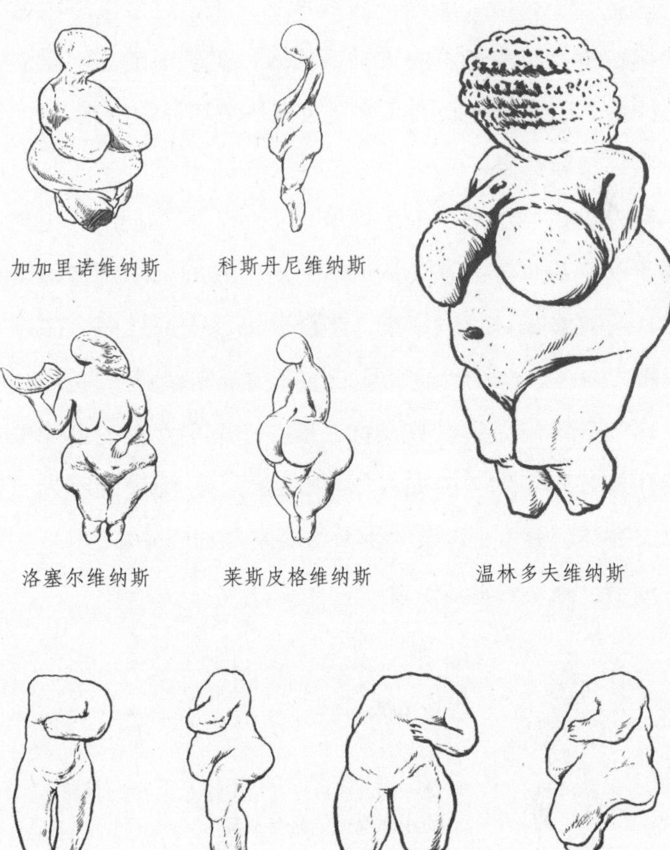

加加里诺维纳斯　科斯丹尼维纳斯

洛塞尔维纳斯　莱斯皮格维纳斯　温林多夫维纳斯

辽宁喀左东山嘴陶塑女像

安纳托利亚又叫小亚细亚，在今天的土耳其境内，欧洲那条“维纳斯环带”之南，跟出土“女娲”的我国内蒙古赤峰市倒是同一纬度，堪称无独有偶。看来，豆蔻年华体态玲珑的待嫁少女，在远古时代并不招人待见。史前艺术家们情有独钟的，是强健壮硕能怀孕会生育多子多孙的母亲。[2]

不过也有例外。

例外是在摩尔达维亚地区的维克瓦丁茨发现的，那是一尊属于晚期库库泰尼（Cucuteni）文化的黏土小塑像，全身赤裸，两腿修长，腰肢纤细，阴部明晰，十分性感。似乎可以猜想，她一定会让看惯了孕妇的考古学家眼睛一亮。

这位难得一见的漂亮女神，是在一个小女孩的墓中被唤醒的，并被命名为“白夫人”。她的造型，则被解释为“躺在那里等待埋葬”，以及“生命将随着死亡到来”。[3]

没错，她是死神。

◎ **白夫人**

摩尔达维亚的维克瓦丁茨墓地发现的黏土小塑像，俗称白夫人。

死亡女神，是女娲和维纳斯们的“死对头”。

母亲神的死对头当然得是另一种样子。但，生育女神肥胖臃肿，死亡女神身材曼妙，却让人大跌眼镜。原始人为什么要这样塑造他们的女神，定要弄得“生不如死”呢？是审美观不同，还是价值观相异？难道美丽是危险品，粗笨反倒是可靠的？或者我们眼中的性感魅力，对于他们来说不但毫无意义，还必须退避三舍，敬而远之？

没人知道。

也许，他们就像汤加人，以胖为美。也许，他们当中早夭的少女，从来就不曾有过身孕。这都是有可能的。一个少女好不容易才长大成人，还没来得及做母亲就死于非命，请问还有比这更让原始人无法接受的人间悲剧吗？

那好，死神就该是这副模样。

这其实是一种觉醒。的确，意识到自己终有一死，是人类进化的最早成果；对死亡的恐惧，则是人类最普遍和根深蒂固的本能。是啊，谁能承受入墓前的战栗，谁能想象不再醒来的长眠。死神曼妙身材的背后，是夜半惊魂。[4]

何况那时的人类多么弱小，生命又多么脆弱，死人的事是经常发生的。自然的灾难，意外的事故，野兽的伤害，敌人的攻击，片刻之间就会夺人性命。谁都不知道性感美丽的死亡女神，什么时候会抛来媚眼，送去飞吻。

实际上，原始人类的死亡情况已无法统计和描述。能够知道的，是许多有着高度文明的古老民族，比如玛雅人和我国四川三星堆文化的创造者，都莫名其妙地人间蒸发。那些手无寸铁的原始民族，恐怕更加朝不保夕。

于是，亲人尸骨前，是流干的泪水；突然袭击时，是无助的目光。然而也就在一次又一次的哭泣之后，理性的精神也在闪耀和升腾：哭是没有用的，怕是不必要的，重要的是想方设法活下来，并把种族延续下去。

置于死地而后生。丧钟敲响之时，号角与战鼓齐鸣。原始人下定决心，要跟死神打一场拉锯战。

女娲诞生了。

## 葬礼与赞美诗

女娲诞生于一个不解之谜—— 死亡。

实际上，自从心智初开的人类意识到自己终有一死，这个问题就一直在困惑着他们。人既然活着，为什么要死，又为什么会死？人死以后，到哪去了？他是在到处流浪，还是已重新定居？不辞而别的他，还会回来吗？

这其实是在问：什么是死亡？

对死亡最直截了当的理解，当然就是“我没了”。问题在于，明明白白存在的“ 我 ”怎么会没了，又怎么能没了？“我没了”这件事，我知道吗？如果我知道，那么我还在；如果不知道，又怎么证明没了的是我，不是别人？

这可是无论如何都想不通的事。

结论也只有一个：我还在，只不过换了地方。

换地方是可以的，也是可能的。因为在原始人看来，所有的存在，花、草、鱼、鸟、蛇、牛，当然还包括人，都有灵魂，叫“万物有灵”。肉体，则是灵魂寄居的地方。既然是寄居，就有可能搬家，因为帐篷总会被拆掉。肉体拆迁就是死，灵魂搬家就是转世。或者说，死亡就是灵魂从一个地方迁徙到另一个地方，就像游牧民族的转场。

灵魂是个流浪汉，命运叫他奔向远方，奔向远方。

万物皆有灵，灵魂可转世，这可能是最为原始的人生哲学。当然，怎么转，是转到冬窝子还是夏牧场，是立地成佛还是做牛做马，要到很久以后才能由宗教来回答，原始人并不知道。他们只知道，如果灵魂不过换了地方，那我就没死。

◎汉武梁石室画像中的女娲

女娲的名字，最早出现于《楚辞·天问》，但没有说是蛇还是蛙。所谓“人头蛇身”的文字记载，最早见于东汉王逸的《楚辞章句》；图画形象，最早见于汉画像石。在后世的理解中女娲和蛇、蛙的关联，正是“万物有灵”的表现。

很好！这足以对付死亡，战胜对死亡的恐惧。因为它意味着一种信念：人其实是永生的。肉体可能会消失，但灵魂不死；个体可能会倒下，但族群不亡。集体和同类的生命将接力赛一样延续下去。反正一个灵魂离开了故土，就会马上找到新居。因此，死亡不是生命的终结，而是开始。

这就要做两件事，一是安顿，二是礼赞。

被安顿的是逝者。

安顿逝者是天经地义的。这不仅基于对他们的留恋和尊重，也基于灵魂不死的观念。因此，旧石器时代的尼安德特人（早期智人）和山顶洞人（晚期智人）都有墓葬，也都有随葬的工具、食物甚至首饰。那意思也很清楚：灵魂既然上路，就得带点干粮；逝者其实没死，随时都能回来。

这就不但要有随葬品，甚至还要做成木乃伊，或者由巫师招魂。反正，葬礼必须举行。古埃及贵族的坟墓里，甚至会有上好的葡萄酒，以便他们开怀痛饮，或举办酒会。

被礼赞的则是女人。

赞美女人也是天经地义的，因为女人是生命之源，是灵魂新居的建设者和创造者，还最不怕死，至少不怕流血。她们每个月都要流血，也没死。哪怕生产的时候要出血，也不过是让新的生命接受了一次特别的洗礼。

显然，生与死，秘密都在女人身上。

只有女人，才掌握了人世间的“一号机密”。

这就必须礼赞，必须崇拜，必须用雕塑、绘画、搭建祭坛等方式，把女人和女性生殖器特别地制作出来。最著名的例子，有云南剑川的“阿央白”，红山文化遗址的祭坛，以及大批的“维纳斯”和少量的“白夫人”。

母亲神多死神少，并不奇怪；前者丑后者美，则也许是反其道而行之。土家族，不就是婚礼时泣不成声，谓之“哭嫁”；葬礼时手舞足蹈，谓之“跳丧”吗？但可以肯定，无论美丑生死，都取决于女人，也只能取决于她们。

因此人类最早的神，清一色的都是女神。

甚至直到希腊时代，也仍有大量女神：天后赫拉，冥后珀尔塞福涅，灶神赫斯提娅，大地女神盖娅，爱神与美神阿芙洛狄忒，智慧女神雅典娜，月亮女神阿尔忒弥斯，青春女神赫拍，胜利女神尼姬，正义女神忒弥斯，记忆女神摩涅莫绪涅，丰产女神德墨忒尔，海洋女神欧律诺墨。[5]

爱琴海，莫非是女神之乡？

正是如此。在一个属于迈锡尼（Mycenae）之前米诺斯（Minoan）文明的克里特（Crete）印章上，人们看到这样的场面：乳房丰满的女神高高站在世界之巅，骄傲地举起一条蛇，向世人炫耀她的君临天下；身材健美的青年男子站在下面崇敬而兴奋地欢呼，阴茎雄起，蔚为壮观。[6]

◎ 米诺斯文明生殖崇拜仪式

克里特印章展示。

这既非色情，更非淫秽，也非游戏或胡闹，而是一种极其神圣而庄严的仪式。在此仪式上，勃起即致敬。雄壮勃起的阴茎，是生命力的体现，也是女神的赞美诗。

这种仪式，就叫“生殖崇拜”。

## 蛙女神

生殖崇拜是女娲的杰作。

女娲是一只大青蛙。

不对吧？传说中的女娲不是蛇吗？在《山海经》里，在画像石中，女娲和下一章将要讲到的伏羲一样，都是半人半蛇，蛇尾还缠绕在一起，分明是准备传宗接代的意思。

更何况，只有蛇才会最终变成龙，蛙就不行。如果女娲是蛙，龙的传人岂非成了“蛙的传人”？

女娲怎么会是蛙？又怎么可能是蛙？

因为本来就是。娲，今人读“蛙”，古人读“呱”，正是青蛙的声音。有人说这个字读蜗，因此是蜗牛。其实蜗牛的蜗古音也是“呱”。可见娲就是蛙，女娲就是女蛙，只不过是伟大的、神圣的、创造生命的神蛙或圣蛙。[7]

这样的神蛙或圣蛙，当然不能写成青蛙的蛙，必须特别创造一个字，专门用在她身上。这就是女娲的娲。这个字除了为女娲命名，没有别的用处，可见是特创的。尽管我们还没有发现这个特创字的甲骨文和金文，但在南太平洋巴布亚新几内亚的蛙人图上，却可以依稀看见她当年的风采。

这里面，又哪有一丁点蛇的影子？

更何况，只有蛙才可能造人。龙和蛇，都不会。

那么，蛙又怎么会变成蛇？

**◎鱼鸟蛙形人物槟榔树皮画**

此图来自大洋洲巴布亚新几内亚，图中形象均为生殖崇拜象征。其中鱼、蛙、花象征女性生殖崇拜，鸟象征男性生殖崇拜，详见本卷后面几章的论述。画面主体形象是蛙人，可看作“大洋洲的女娲”。

因为有人暗地里做了手脚，时间不晚于汉。

实际上，蛙也好，蛇也罢，在原始社会都是生殖崇拜的象征物，而生殖崇拜其实是逼出来的。原始人寿命极短，尼安德特人平均不到二十岁，山顶洞人没谁能活过三十。既然活不长又死得快，就只能生得多，难怪女娲不惜抡起藤条沾上泥浆甩。毕竟，能对抗高死亡率的，只有高出生率。在与死神的搏斗中，这是最实在的一招。

然而这真是谈何容易。谁都知道，并非每次性交都会有结果，生男生女也全凭运气。看来，冥冥之中另有一种神秘力量，在左右和掌控着命中率。对这样的力量，岂能不恭敬有加顶礼膜拜，又岂能不想方设法弄到自己身上？

膜拜的目的是获取，获取的方法是巫术。巫术的规则是相似律和接触律，比如胆大妄为就叫"吃了豹子胆"，韬光养晦就叫"夹起狗尾巴"。这种文学修辞其实是巫术遗风。要知道，原始时代的战士，是当真要吃豹子胆的。

获取神秘的生殖力量，也如此。

于是女娲和她众多的姐妹，便在世界范围内雨后春笋般地被创造出来。这是对女性生殖能力的直接崇拜，而且这种崇拜是实用主义的，目的就是要多生孩子。因此，隆起的腹部是她们的骄傲，丰满的乳房是她们的勋章，荷塘的蛙鸣是她们的《欢乐颂》，水里的鱼儿则是她们的万千化身。

没错。鱼和蛙，频繁出现在新石器时代的陶器上。

这是一些令人过目不忘的形象，或写实，或写意，或抽象，或便化（简约化变形），形成序列，蔚为大观。尤其是半坡的鱼纹和马家窑的蛙纹，形神兼备，生机勃勃，充满了活力。你看那一排排并行的鱼儿，气势是何等的磅礴；你看那划水中成长的幼蛙，身姿又何其优雅和从容。[8]

不必为此感到惊异。毕竟，那里面投射了原始先民浓浓的情感和深深的祝福。因此，每当我们凝视这些远古的神秘图案，扑面而来的便是潮乎乎的生命气息。

是的，那些鱼。是的，那些蛙。

此致敬礼！你们这些生殖崇拜的文化符号。

万寿无疆！你们这些女娲的绶带和徽章。

但，为什么是它俩？

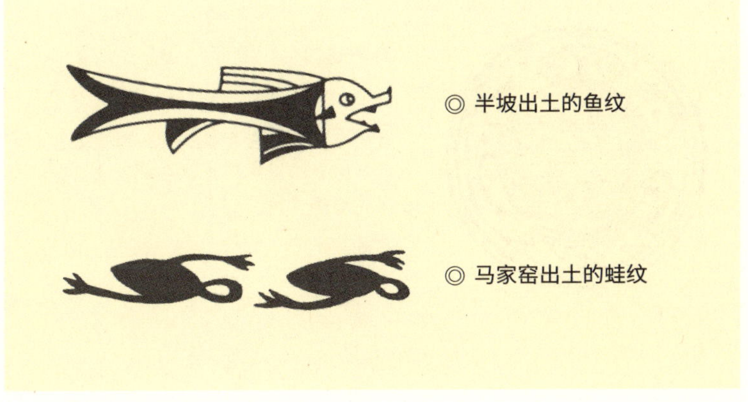

◎ 半坡出土的鱼纹

◎ 马家窑出土的蛙纹

因为长得像又生得多。鱼和蛙，确实能给心智初萌的人类以太多的联想。鱼唇跟阴唇，不都是开开合合吗？青蛙跟孕妇，不都是大腹便便吗？不信去看姜寨一期的双鱼纹，简直就是女性生殖系统的生理解剖图。

何况鱼子又何其之多啊！青蛙也是一夜春雨，便蝌蚪成群。这难道不意味着旺盛的生命力？所以，庙底沟的蛙纹便特地在腹部画了很多点，马家窑的蛙纹还标明了产道口。

实际上，从蝌蚪到幼虫，再到成形的蛙，在彩陶纹饰中应有尽有。这当然绝非偶然。何况还有花纹。事实上，花就是植物的生殖器，果则是植物的后来人。所以，姑娘好像花一样：含苞欲放是新婚之夜，豆蔻年华是待嫁之时。

春暖花开的季节，鱼游蛙鸣，生机勃勃。

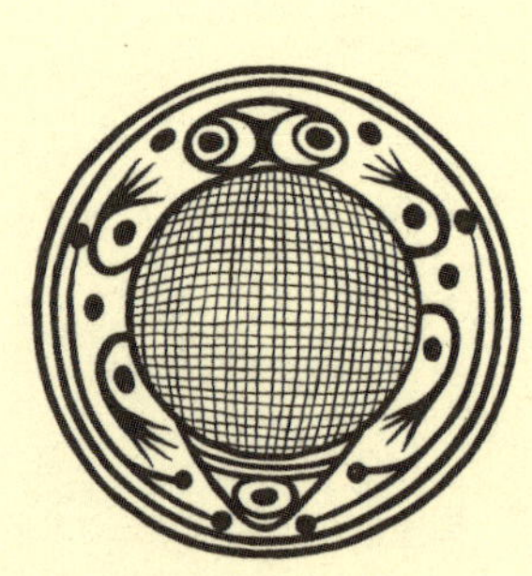

◎ **产道口**

甘肃出土马家窑类型蛙纹，特地画出了产道口，而且产道口在中医学上就叫“蛤蟆口”。

◎ 仰韶文化鱼蛙纹彩陶盆

新石器时代遗物，陕西临潼姜寨遗址出土。

◎ 蛙纹的演变

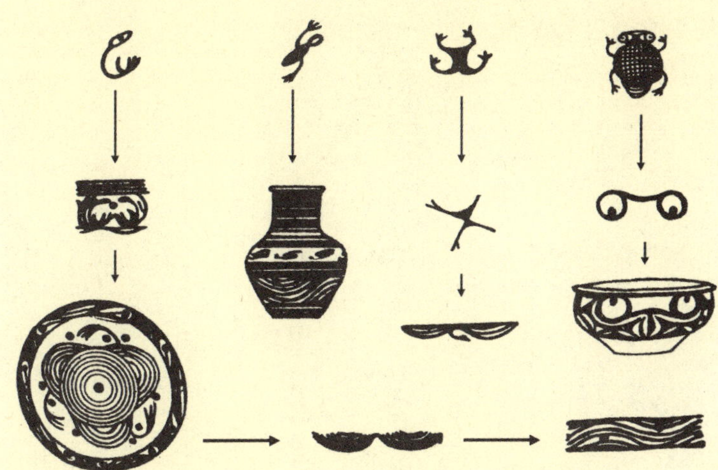

从中不难看出蛙纹的全面性和丰富性，据郑为著《中国彩陶艺术》。

有花，有鱼，有蛙，女性生殖崇拜的文化体系完成。鱼象征着女阴和受精；蛙象征着子宫和怀孕。难怪姜寨一期那个陶盆内壁，竟会画了两对双鱼和蛙纹。这是一整套生殖系统。掌握了这套系统，就能像迦太基统帅汉尼拔（Hannibal）访问罗马一样，叩响生命之门，并长驱直入。[9]

死亡线上走投无路的人，绝处逢生。

也许，这就是女娲的身世之谜——女娲就是女蛙，是主管生育的蛙女神，也是率领我们迎战死亡的胜利女神。她老人家是蛙，我们的孩子才是娃。娃娃落地，呱呱而鸣，于是荷塘之中月色之下，便是一片生命的交响。

死神，你听见了吗？

## 月亮不说

听见了这蛙声的，是月亮。

没错，月上柳梢头，人约黄昏后，月亮与爱情和婚姻有太多的关系。实际上，它也是女性生殖崇拜的象征物。引起原始人类联想的，则大约是灵长目动物共有的月经。女人有了初潮才能怀孕，怀孕以后立即停经，闭经之后则不再有生育能力。凡此种种，岂不证明月亮与生儿育女有关？[10]

显然，月亮知道女人太多的秘密。

造物主发明女人，跟月亮应该不是同一时刻吧？却不知道二者之间，为什么竟会有那么多的相似和关联。月经一月一次，这就是关联；肚子有盈有亏，这就是相似。月亮就像巨大的青蛙或伟大的孕妇。圆了，是正在怀孕；扁了，是刚生孩子。生出满天星斗的月亮，又岂能不是神蛙？

代表月亮的这只神蛙就叫蟾蜍。它或者在月亮中，或者就是月亮，甚至就是补天的女娲。姜寨出土的彩陶上，有一个腹部布满斑点的蛙形图案，就是她的形象。那些原本表示多子多孙的斑点，后来就成了补天的石子；而用来代替擎天支柱的所谓鳌足，则实际上是蛙腿。

女娲，其实是牺牲了自己，才成全了我们的。

一只巨大的青蛙，四条蛙腿支撑起残缺不全摇摇欲坠的天穹，身体中孕育已久的生命力在瞬间爆发，宇宙大爆炸般地化作满天繁星，这是何等惊心动魄的伟大！难怪月亮的面孔会生铁般地又白又冷，那是因为产后大出血。这可比仅仅把诺亚方舟恩赐予某些特权人物，要伟大得多！

这就是女娲的星空，它同样充满疑团。

众所周知，肚子有规律地膨胀和缩小，月亮、青蛙和女人都会，太阳和男人则不会。一个月来一次的月经，男人也没有，跟太阳就更没关系。因此，月亮神就该是女的，太阳神当然是男的，比如古埃及的月亮女神贝斯特，古希腊的阿波罗和阿尔忒弥斯，后者在罗马神话中叫狄安娜。[11]

如此看来，我们民族的月亮神就该是女娲，太阳神则该是下一章将要讲到的伏羲。伏羲和女娲，在民间传说中是兄妹或夫妻。伏羲手上捧着太阳，里面有一只太阳神鸟；女娲手上捧着月亮，里面有一只月亮神蛙。

◎ 伏羲女娲像

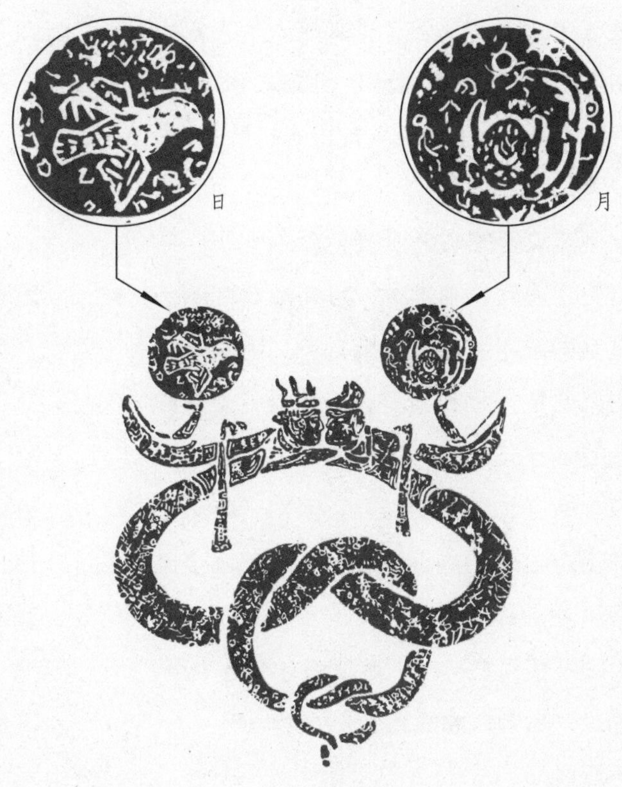


据四川郫县出土一号东汉砖室墓石棺。

这不就是中华版的阿波罗和阿尔忒弥斯吗?

然而在文献资料中，我们的太阳和月亮都是女神。太阳神叫羲和，月亮神叫常羲，还居然都是帝俊的妻子。帝俊据说就是五帝之一的帝喾（读如酷），甚至就是舜。这就更是一笔糊涂账。再说了，羲和、常羲、伏羲，这三个“羲”有没有关系？如果无，为什么？如果有，是什么？[12]

没人知道。

这里面隐含的信息很重要。

首先，太阳是男性的，月亮是女性的。其次，太阳和月亮都是女神所生。这就告诉我们，生殖崇拜有男有女。女性生殖崇拜的象征物是月亮，男性的就是太阳，而且，对母亲和女性的崇拜一定在先，太阳也只能是女神的儿子。

月亮有十二个也不奇怪，因为一年有十二个月。太阳有十个却没有过硬的道理，所以多余的九个要被消灭。这也是后面要讲述的故事，要破译的密码。现在只能肯定，我们民族的太阳神和月亮神，不是羲和，不是常羲。

那么，后羿和嫦娥呢?

不好说。

后羿射日，嫦娥奔月，两个故事大家都耳熟能详。简单地说，就是羲和生下的十个太阳，原本是轮流上岗，一天只出现一个的。然而不知为什么，从某天开始，它们全部出现在天空。后羿只好射下九个，才拯救了人类。然而这位英雄的妻子嫦娥却偷吃仙药，离开后羿飞到月亮里面去了。[13]

故事梗概，大约如此。

看来，嫦娥与月亮，后羿与太阳，确有关系，却恐怕不是太阳神和月亮神。道理也很简单：嫦娥如果是月神，为什么要奔月，难道她原本不在那里？同样，后羿倘若真的是太阳神，又为什么要射日，难道他跟自己过不去？

这又是一个文化之谜。

要破译这个密码，我们民族的神话传说已不够用。他山之石，可以攻玉。也只有他山之石，才能攻玉。尽管后羿的疑团要到本书第六章才能水落石出，但至少，我们可以先借助旁证和推理，揭开嫦娥的身世之谜。

因此，有必要传阿波罗和阿尔忒弥斯出庭作证。

## 作证还是作案

阿波罗和阿尔忒弥斯，其实也都有案在身。

众所周知，阿尔忒弥斯和阿波罗，都是宙斯跟暗夜女神勒托的孩子，而且是孪生。这倒是说得过去。万神之王要给暗夜以光明，当然要一次性地生出月亮和太阳。阿尔忒弥斯作为月亮女神也没问题。她出生的时候，眉心便嵌着耀眼的月亮，左手拿箭右手拿弓，全身闪耀着圣洁的光芒。

阿波罗的太阳神身份却大为可疑。因为真正的太阳神是赫利俄斯，阿波罗只是光明之神。但，既然如此，他的眉心又为什么会嵌着耀眼的太阳？

也许，他至少是半个太阳神。

或者说，有人希望他是。

这里面显然有文章。

事实上，阿波罗必须成为太阳神，才能与阿尔忒弥斯成双成对。然而他俩究竟是兄妹，还是姐弟，希腊人自己也众说纷纭莫衷一是。一种版本说，阿尔忒弥斯出生后，便充当了母亲的助产士，帮助勒托生下了阿波罗，所以她又是接生女神。另一种版本则说，阿尔忒弥斯那修长曼妙的躯体，其实是阿波罗出生后，用自己的手牵出来的。

额头闪光的太阳哥哥喷薄而出，坚强有力的手牵出体态玲珑的月亮妹妹，画面感确实很好。

但，这是作证，还是作案？

作案。

因为太阳绝不会升起在月亮之前。

事实上在远古文化系统中，太阳和月亮是两种符号，也是两个时代的象征。太阳代表雄性和男人，月亮代表雌性和女人。那么，人类最先崇拜的，是哪种生殖力量？

雌性。因为所有人都是女人生的。

因此最先亮相的，也一定是女性的文化符号。这些文化符号包括鱼、蛙、月亮，还有大地。有了象征母亲和母性的大地，才会轮到种子和种子的携带者，即雄性或男人，以及他们的象征物，包括下一章要讲到的鸟、蛇、太阳。[14]

所以，作为月亮女神和狩猎女神，阿尔忒弥斯一定出生在前；作为光明之神和文艺之神，以及“准太阳神”或“伪太

◎ 阿波罗与阿尔忒弥斯

以阿波罗和阿尔忒弥斯为主题的古希腊陶杯图案，原物现藏于法国卢浮宫。

阿波罗、阿尔忒弥斯兄妹的想象图，阿波罗牵出了妹妹。方佳翩绘。

阳神”，阿波罗一定在后。也就是说，当阿尔忒弥斯驾着月之车飞过天际穿行丛林时，眉心嵌着太阳的阿波罗，应该还在娘胎之中。两个版本并存，说明真相没有完全被遮蔽。

同样，手捧月亮的女娲一定在先，手捧太阳的伏羲一定在后，羲和与常羲则要到伏羲出生之后才被追认。女娲也不可能是伏羲的妹妹，更不可能是蛇，只可能是蛙。

蛙变成蛇，显然是有人做了手脚。

侦破此案并不难。找到相关利益人，就能发现犯罪嫌疑人；看谁能够从中渔利，就能知道犯罪动机。

那么，女娲变成蛇，对谁最有好处？

伏羲，或伏羲的粉丝和接班人。道理也很简单：如果伏羲和女娲都是蛇，那么，谁先谁后就说不清，后来者也就可以居上。比方说，把伏羲说成女娲的哥哥。就连那些不得不承认女娲为“三皇”之一的，也要把她放在伏羲之后，排名的次序是：伏羲、女娲、神农。[15]

伏羲在前，女娲在后，又有什么意义？

证明男尊女卑天经地义。

这事非做不可。前面说过，夏娃也好，女娲也罢，包括现在说到的伏羲，都并非确有其人，更不是单个人，而只是符号和代码。夏娃代表原始群，女娲代表母系氏族，伏羲代表父系氏族。但，进入伏羲时代后，社会性质就变了。如果不确认男尊女卑，男权社会又岂能延续至今？

因此，必须给女娲动手术。犯罪嫌疑人，则八成是鼓吹男权社会纲常伦理的那些家伙。只不过，他们做贼心虚手忙脚乱，还是留下了无可辩驳的证据——在几乎所有的画像和造像中，女娲手中都是月亮，伏羲手中都是太阳。

何况那月亮里，还明明白白有一只蟾蜍。

这可是铁证如山！

蛙女神，又岂能是蛇妹妹！

但，能够给女娲整容，则说明世道变了。事实上，父系社会是男人的江湖，他们当然有能力也有权力篡改历史，把原本就语焉不详的神话弄得更加似是而非。于是一切都颠倒过来，女娲和伏羲成了兄妹，嫦娥和后羿成了夫妻，后出生的阿波罗也变成了阿尔忒弥斯的哥哥。

这种世界性和历史性的错乱，恐怕没人能够纠正。

嫦娥，也只能选择私奔。

## 嫦娥的私奔

嫦娥奔月，应该是在女娲被人暗算之后。

故事很简单：后羿从西王母那里得到了不死之药，却被嫦娥一个人吃了。由于用药量过大，长生不老便变成了肉体飞升，青云直上的嫦娥也只好永远地留在了月宫里。

奇怪！两人份的药，她为什么要独吞？

版本很多，其中一种是被逼的。当时，后羿的徒弟逄蒙前来偷药，还要杀人灭口。情急之下，嫦娥只好将那药赶紧吞服。另一种说法则相反：她就是要离开后羿。[16]

如果后一种版本成立，当然是私奔。

不过，这是“一个人的私奔”。没人怂恿，没人策划，没人带领，没人追随，没有约会也没人等她。

但，义无反顾，头也不回。

咦？这明明是叛逃嘛，怎么是私奔呢？

因为目的地是月宫。

而且进去以后，就变成了蟾蜍。[17]

前面说过，月亮和蟾蜍（神蛙）都是母系氏族社会和女性生殖崇拜的象征物，也是女娲的Logo。这样看来，嫦娥的私奔，便简直是回家。或者说，是回归了自身。就连月宫里因此而有了一只玉兔，说不定也意味深长。

兔宝宝和蛙女神，应该有关联吧？[18]

事实上，嫦娥也是在逃避，逃避一个她无法适应又无法反抗的环境——男权社会，尽管那新社会和新时代血气方刚蒸蒸日上。她的逃避也纯粹是个人和私下的，根本不会有任何结果，也不会有连锁反应。如此自我放逐，恐怕连“不合作主义”都谈不上，当然不好意思叫叛逃，只能叫私奔。

但，她真的必须逃避吗？

也许。

表面上来看，从母系到父系，只是改变了血统的计算方式，但二者之间的区别却是本质性的。母系氏族是“非权力社会”。在那里，只有管理，没有统治；只有心意，没有压抑。女性首领们面对的是真正的子民，给予的是真正的关爱。她们甚至用不着刻意提倡什么“老吾老以及人之老，幼吾幼以及人之幼”，因为那实在是再自然不过的事情。

这就不能叫“女权社会”，只能叫“母爱社会”。

那是我们民族的春天，也是世界各民族的花季。男女杂游，不媒不聘；但知其母，不知其父。性关系自由，选择权则主要在女性。她甚至可以同时拥有多个男友，只要她愿意。唯一的“霸道”，是对性伙伴的择优录取。[19]

但女人拥有选择权，是为了种族的延续，因此也不会对落选者冷嘲热讽、赶尽杀绝。何况选择是双向和自由的，没有强奸，也没有卖淫；没有感情纠葛，也没有财产纠纷。

父系氏族却不是这样。

毫无疑问，父系氏族并非严格意义上的“权力社会”。也许，它只能叫“半权力社会”或“前权力社会”。但不管怎么说，自从母系变成父系，权力就被发明了出来，并成为男人手里可以生杀予夺的指挥刀。

实际上，如果没有权力问题，变革就没有必要；而权力一旦诞生，刹车就没有可能。结果是，也许几百年，也许上千年，一切都今非昔比。管理变成统治，拥有变成占有，安排变成指使，安顿变成奴役，监狱、军队、政府和国家被相继发明了出来。母爱社会变成了男权社会，并延续至今。

女娲的时代终结，嫦娥的好日子也过完了。

也许就在这个时候，或者更晚一些，嫦娥悄然来到女娲造人的地方。她看到了什么呢？她应该会看见，天边那血红的云彩里，有一个光芒四射的太阳，如同流动的金球在冉冉升起。另一边，那生铁般又白又冷的月亮，正悄然落下。

生铁般又白又冷，正是月亮女神形象和性格的写照。

是的，阿尔忒弥斯身材曼妙，两腿修长，腰肢纤细，皮肤白皙，通身闪耀着银白色的光芒。她睫毛浓密，目光澄澈而又灵动；红唇小巧，嘴角挂着一丝庄重和威严。这是一种高贵的冷漠，圣洁的美丽，不容侵犯，不容亵渎。

然而那生铁般又白又冷的骄傲，却与内心的柔软包容共存。作为处女的保护神，也作为独立自由的象征，阿尔忒弥斯拒绝了众多的求婚者，却偏偏庇护那些不受爱神摆布的青年男女。也许，蔑视权威，反抗世俗，保护弱者，这就是月亮的性格？难怪嫦娥要奔向月亮，也只能奔向月亮了。

再见了妈妈，请你吻别你的女儿吧！

第三章

# 伏羲设局

爹若有奶，爹便是娘。
男人一旦掌权，
潜伏的蛇就会变成飞天的龙。

## 日出时分

暮春之后是初夏。太阳升起前，有雾。

薄雾中，一个黑点在海面上若隐若现。

阿波罗对他姐姐说：现在，能展示你的箭法吗？

姐姐阿尔忒弥斯张弓搭箭，一发中的。

阿波罗微笑着退场，他的阴谋得逞了。

飞到海面观看战果的阿尔忒弥斯却欲哭无泪。因为她射死的正是自己的恋人，海神波塞冬的儿子奥利温。

阿波罗为什么要设下这样一个陷阱呢？他那样爱自己的姐姐，奥利温也不是他的情敌。但，嫦娥不是义无反顾地奔向月宫了吗？那里面也没有她的情郎。看来，史前文化已被重重迷雾笼罩，遮掩了阴谋与阳谋、真情与真相。

那么，此刻潜行于雾中的，又是谁？

是蛇。

蛇在伊甸园犯下重案以后就了无踪迹，却在日出之前与太阳达成了某种共识。一个可以作为线索的证据是：阿波罗和伏羲都与太阳有关，也都是蛇，或曾经表现为蛇。

为什么是蛇呢？蛇又不是什么好东西。

也许有人会喜欢蛇，认为它神秘、冷峻、有头脑，特立独行。讨厌蛇的，则觉得它丑陋、阴险、冷血、变态。更重要的是，蛇和蛙本是死对头。蛇是长虫。青蛙吃虫，蛇又吃蛙。蛇与蛙，如何相容，岂能相容？

因此，女娲让蛇出场，后来还变身为蛇，必有原因。

原因复杂而多项，最直截了当的动因是男人要搞“文化革命”。也许，这场革命是非暴力和渐进的；也许，革命的意识模糊而朦胧；也许，这事其实酝酿了很久很久；也许，它的背后有着经济的推动和考量。是的，也许。

但不管怎么说，氏族的男人和女人终于都认为，仅有女性生殖崇拜已经远远不够，还必须承认男性在生命创造中的作用，并用一种合乎逻辑和法理的形式予以肯定。

男性生殖崇拜开始了。

这就需要象征物，而蛇是合适的。事实上，蛇与阴茎有太多的相似。比方说，寻常看不见，偶尔露峥嵘；以及平时绵软，用时坚挺。当然，还有那毋庸置疑的攻击性。

蛇，天然地就像男性。

因此，诱惑夏娃的必定是蛇，被诱惑的必是夏娃。这是不可或缺的历史环节，此后的二次革命也还要靠蛇。由是之故，当它潜伏在伊甸园时，上帝只好装作没看见。

其实在蛇之前，男性的象征便已出现，这就是鸟。鸟的崇拜要早于蛇，待遇也比蛇高。直到现在，它也仍是男性生殖器的代名词。这种指代甚至是一种“国际惯例”，比如英国人就把男人那玩意称为小公鸡（cock）。

鸟和蛇也都有卵。尽管并非所有的蛇都是卵生，对于原始人类却意义非凡。事实上，当他们看见小鸟或小蛇破壳而出时，便很可能自以为勘破了生命的秘密。的确，生命既然孕育在卵中，有卵（睾丸）的男人便是创造者。就连鱼和蛙批量产出的小宝宝，也可以理解为雄性之所赋予。

于是，蛇和鸟便成为男性生殖崇拜的象征物。[1]

当然还有太阳。

太阳也是非有不可的。何况月亮已是女神，男神就该是太阳。结果，正如月亮里面有一只名叫蟾蜍的神蛙，太阳当中也有一只神鸟，名叫金乌。只不过金乌有三条腿，有的身上还背负着太阳。有了这只“三足神鸟”，男人的太阳就不但能够冉冉升起，还能飞向不知终点的远方。

月亮有神蛙，太阳有神鸟，也没什么不好。

◎ 作为男性象征的鸟

石鸟，德国霍赫勒·菲尔斯出土

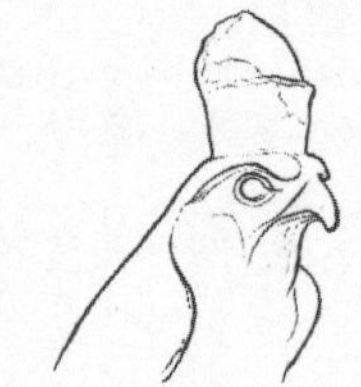

荷鲁斯石像，
阿蒙霍特普二世统治时期

负日鸟纹，
陕西泉护村出土

日中三足鸟，
汉画像石

三足鸟纹，河南陕县
出土

女娲她们当年，大约就是这样想的。代表女性的鱼女和蛙女，甚至有可能欢迎代表男性的鸟人和蛇人登堂入室，跟她们一起建设新生活，共谋发展，同享太平。

可惜谁都没有想到，是鸟就会叫，就会飞。她们更没想到，鸟的背后还藏着一条蛇。蛇是一定要吃青蛙的，下手只是迟早的事。只要太阳的光芒盖过月亮，蛇就一定会把母爱社会变成男权社会，并永不交权。

这可真是请神容易送神难。

父系氏族的日出时分到了。在血红的云彩里，在荒古的熔岩中，一只金色的神鸟正张开巨大的翅膀，连同流动的火球喷薄而出，傲然飞翔。另一边，悄然落下的月亮生铁般又白又冷，说不清是在默默祝福，还是黯然神伤。

现在已经很难确定，这只负日远行的三足神鸟究竟从哪里起飞。海上？山中？桑林？都有可能。但不管怎么说，当它背负青天往下看时，应该看到一个头戴羊冠人首蛇身的小伙子正英俊亮相，大踏步地从后台走向了前台。

他的名字，就叫伏羲。

## 天下第一厨

伏羲身上，有股子烤羊肉味儿。[2]

当然，这里说的伏羲跟女娲一样，并不是某一个具体的人，而是一个文化符号，代表的是父系氏族社会。这个社会的历史少说也有上千年，但无论是早期还是晚期，也不管这当中出了多少个代表，我们都通通称之为伏羲。

而且照理说，他们也都该是蛇神。

但是奇怪，伏羲出生那天，我们只看到太阳很好，完全看不见蛇的影子。没错，一点都没有。

实际上，跟女娲的娲相类似，伏羲的羲，差不多也是特别创造出来的字。除了用于本章这位男一号，以及其他某些神话人物，比如羲和、羲仲、羲均、常羲，另外一个意思就是“气之吹嘘”，也就是气息舒展而出的状态。[3]

什么气？

羊肉味呗！

羲，无疑与羊有关。金文的羲，就是上面一个“羊”，中间一个“我”，下面一个“兮”；或者上面一个“義”，下面一个“兮”。这个字加上“牛”字旁，就是犧，牺牲的牺。

很清楚，这里面有羊也有牛，却偏偏没有蛇。你总不能说那个“兮”字，就是“蛇溜走了”吧？

女娲是女蛙，伏羲却不是伏蛇，岂非咄咄怪事？

然而伏羲又确实是蛇，也必须是蛇。女娲就是因为伏羲的缘故才由蛙变蛇的。如果伏羲竟然不是蛇，那么女娲的整容岂不冤枉？如果说伏羲也曾变身，请问又是谁给他动了手术？扑朔迷离的远古文化，难道案中有案？

其实，羲，原本与羊没有关系。甲骨文的羲字里面就没有“羊”，而是上面一个“我”，下面一个“兮”。

我和兮，分别是什么意思？兮是语气词，上古读音接近于“喝”，中古读音接近于“嘿”，意思相当于“啊”。我，也不是“自己”，是“兵器”，意思是“杀”。

所以，甲骨文的羲，就是“杀啊”。

杀谁？谁杀？谋杀案吗？

当然不是。

但要侦破此案，也只能倒推。

◎ **金文“羲”**（羲妣尊彝）
据林义光《文源》卷十一。

◎ **甲骨文“羲”**（前二·七·五）
此字旧无人识，据施谢捷先生考证，它就是后来“羲”字的“初文”（最原始符号），上面部分是“我”，下面部分是“兮”。吴荣光先生则认为，兮就是羲的“省文”（简写）。

◎ **甲骨文“我”**（甲二二六七）
很明显可以看出是兵器。

从哪儿推？

犧（牺）。

为什么是犧？因为伏羲又叫庖牺（庖犧）。庖牺的犧，就是牺牲的犧；牺牲的犧，则原本是伏羲的羲，就像蛇字原本是“它”。这在文字学上就叫“本字”，也就是“原版”。

犧的原版是羲，蛇的原版是它。它加上虫就成了蛇，羲加上牛就成了犧。为什么要加偏旁？为了强调。比方说强调蛇是爬虫。同样，正因为羲是牺牲，所以旁边要加牛。牺和牲，都是牛字旁。

这当然很牛。

伏羲，就是很牛的庖牺。庖即庖厨，牺即牺牲。牺牲就是献祭用的动物，包括马、牛、羊、猪、狗、鸡。其中色纯的叫牺，体全的叫牲，合起来叫牺牲。最重要的牺牲是牛和羊。祭祀的仪式，有牛就叫太牢，只有羊就叫少牢。少牢比太牢用得多，因为羊比牛便宜。但再省钱，也得有羊。

所以，尽管甲骨文的羲没有羊，金文就得加上去。等到它表示牺牲之意时，就还得再加上牛。总之，先是上面加只羊，后是旁边加头牛，庖牺或伏羲，才算验明正身。

哈哈，伏羲这蛇头，原来是个做饭的。

但，这位炊事员却堪称“天下第一厨”，因为是做饭给神吃。请神吃饭，这在古代可是头等大事，《左传》就说“国之大事，在祀与戎”。戎就是战争，祀就是祭祀，都非开杀戒不可。实际上，祭的甲骨文字形就是一只手拿着一块肉，金文则不过多了一个显示的示而已。

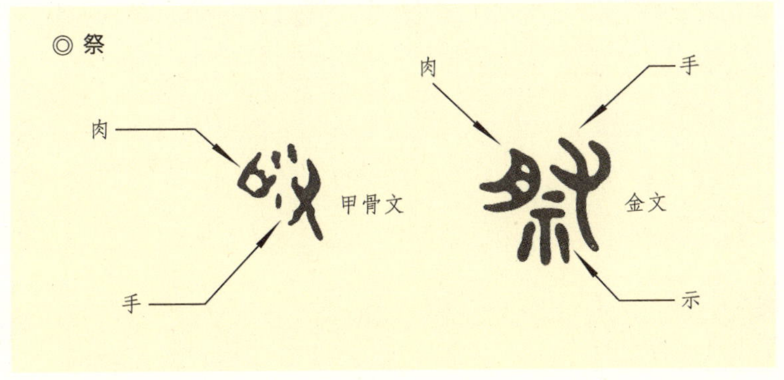

哈，天神地祇，也都是肉食主义者。

战争要杀人，祭祀要杀羊。羲，岂能不是“杀啊”！

伏羲登场，便难免杀气腾腾。

他的地位也不低。事实上，如果说女娲的伟大发明是生殖崇拜，那么伏羲的卓越贡献就是请神吃饭。他身上有羊肉味儿，后来起了王莽的心思，都不奇怪。

奇怪的是，我们的先民为什么要请神吃饭？难道他们牛羊成群瓜果满园五谷丰登，吃不完用不完，要大摆宴席？

当然不是。

## 革命就是请客吃饭

请神吃饭其实是个局。

做局也是逼上梁山。正如生殖崇拜是因为死人太多，吓着了；请神吃饭则因为饥肠辘辘，饿坏了。那时生产力实在低下，先民们吃了上顿没下顿，更难有储备可言。一旦长时间断粮断炊，族群面临的便是灭顶之灾。

饥饿，是死亡女神的嫣然一笑。

这也只能发展生产力。于是各种生产工具被相继发明出来，包括作为猎具和渔具的罔罟（读如网古），作为农具的耜耒（读如四垒）。这些理应获得科技进步一等奖的发明和创造，后来被归功于伏羲和神农。这当然实至名归，他们也受之无愧。因此，这时的伏羲，是制造猎具、渔具和农具的工匠，以及使用这些工具的猎手、渔夫和农民。[4]

但，这跟蛇有什么关系，跟羊又有什么关系？

羊是在狩猎过程中自投罗网的。原始猎人最喜欢的就是羊，因为野猪野牛不易捕杀，兔子田鼠跑得太快，鱼虾贝蟹又解不了馋。只有羊，体大肉多，成群结队，反抗力弱，智商还低。这就不但可以打主意，还能智取。比方说，头戴羊角身披羊皮伪装成羊混入羊群，然后把它们带进包围圈。

傻乎乎又喜欢随大流的羊，哪有不上当的？

没错，这就是最早的“佯装”，也几乎是世界通用的狩猎技术。在一幅非洲的岩画里，一个猎人伪装成鸵鸟拿着刀子正在进行偷袭，而那些真正的鸵鸟则对这个不速之客怀着本能的警惕，疑惑地注视着那陌生人，或陌生鸟。

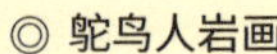
◎ 鸵鸟人岩画

如此画面，堪称栩栩如生。

非洲那“鸵鸟人”使用的伎俩，想必我们的老祖宗也曾得心应手。实际上，佯装就是装羊，也是羊人，而我们民族最早的“羊人”就是伏羲。作为猎人，伏羲当年肯定曾经伪装过羊，否则就无法解释他头顶上为什么是羊不是牛。

实际上，这也是最早的“局”，但可惜鲜为人知，只能通过文字和旁证来推测。后面的事情就简单多了：吃不完的羊被圈养起来，猎人伏羲也变成了牧人伏羲。

那么，这时他还是羊人吗？

还是。因为在这种狩猎方式大获成功之后，连他自己也迷惑起来，相信头上的羊角和身上的羊皮，与得到越来越多

局部

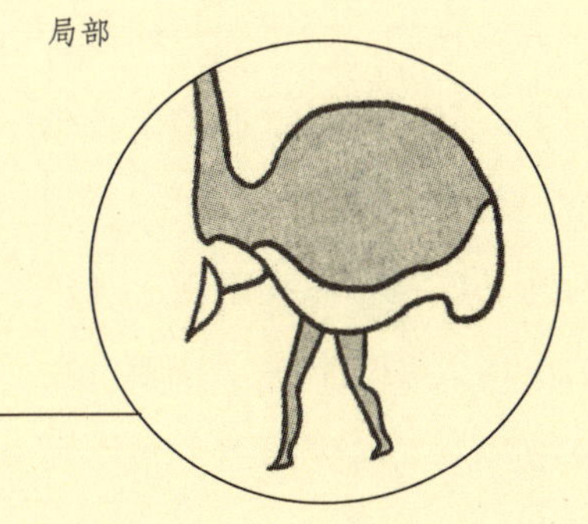

图中新月状物体为锐器，可能是刀。从“鸵鸟人”的腿部线条也可以看出与其他真鸵鸟不同。

的羊之间有一种神秘的联系，必须持之以恒地坚持。[5]

于是，狩猎技术就变成了狩猎巫术。或者说，变成了狩猎文化。尝到甜头的伏羲甚至得寸进尺，决定把天神和地祇都看作野地里的羊，设一个更大的局来忽悠他们。

这就是请神吃饭之局——饭局。

饭局和狩猎，其实一回事，都是为了吃。没得吃，不够吃，便要么去抢，这就是战争，也就是甲骨文的羲；要么去讨，这就是祭祀，也就是金文的羲。它的意义，一点都不亚于生殖崇拜。生殖崇拜祈求的，是种族的延续；请神吃饭面对的，是族类的生存。前者希望多子多孙，后者希望丰衣足食；前者考虑千秋万代，后者考虑当下眼前。你说哪个重要？

都重要。但现在就有吃的，更迫切。

请神吃饭，不能不办。那些山神、河神、林妖树怪和土地公公，管着山间的兽，林中的鸟，水里的鱼，地上的庄稼，自己又吃用不完，完全可以分一点给我们。只不过，将欲取之，必先予之，你得把神伺候好了。要知道，就连楚汉相争时的范增要杀刘邦，也得先摆鸿门宴。

显然，这只能是伏羲的事。也只有靠着佯装猎获了羊群的他，才有资格充当请神吃饭的主持人和厨师长。当然，在祭祀仪式上，他仍得头戴羊角身披羊皮，尽管这时的他不再是猎手，也不再是牧人，而是祭司。

这时的伏羲也不再是甲骨文的羲，而是金文的羲，它的上面是義。義是礼仪之仪（儀）的本字。正因为儀的本字是義，仪式上不可或缺之牺牲的犧，原版才是羲。

◎ **甲骨文“義”**（掇二·四五，人头骨刻辞）

◎ **金文“義”**（仲义父盨）

两种字形，都一目了然，就是我加上羊。这时的“我”是“取戈自持”的意思，头戴羊冠手持兵器的“我”，意味着“己之威仪”，所以是“仪（義）”的本字。

◎ **伏羲的三种形象**

伏羲的秘密，昭然若揭。

与此同时，他的地位也节节高升。

众所周知，在没有政权、法律、国家和公民概念的原始时代，族群都是自然形成的。纽带则与其说是血缘，不如说是共食。母子，是吃与被吃的关系；兄弟，是同一个娘养大的人。实际上，原始人类聚族而居，无非就是要解决吃饭问题。因此，爹若有奶，爹就是娘；谁给吃的，谁就是老大。

掌勺的必定变成掌权的。

后起之秀伏羲，要向女娲讨个说法。

## 披着羊皮的蛇

说法很快就有了。

是的，承认男人在生育中的作用，并设立祭坛。

祭坛在红山文化遗址已经发现，只不过女神的圆，男神的方。这倒不难理解：女人玉润珠圆，男人有棱有角。难怪女娲手上拿的是规，伏羲拿的是矩，女圆男方嘛！

那么，天圆地方，又怎么讲？

天，不是男性；地，不是女性吗？

对不起，男人变成天，就像女娲变成蛇，是很久很久以后的事。在洪荒之世，在女娲的时代，女人才是天，男人则是地。只不过，自从男人有了方方正正的祭坛，也就好歹有了一席地位，可以跟圆圆满满的女人分庭抗礼。

于是伏羲摇身一变而为蛇神。

## ◎红山文化祭坛遗址

图中建筑群据《牛河梁遗址考古发掘报告》复原。辽宁省朝阳市牛河梁红山文化祭坛遗址，东西长130米，南北宽45米，总面积达5850平方米。南侧隆起的圆形石阵称圜丘，北侧的方形石阵叫方丘。代表男性的方丘祭坛的出现，既承认了男人在生育中的作用，也成为男性地位在母系社会后期逐步提升的证据。

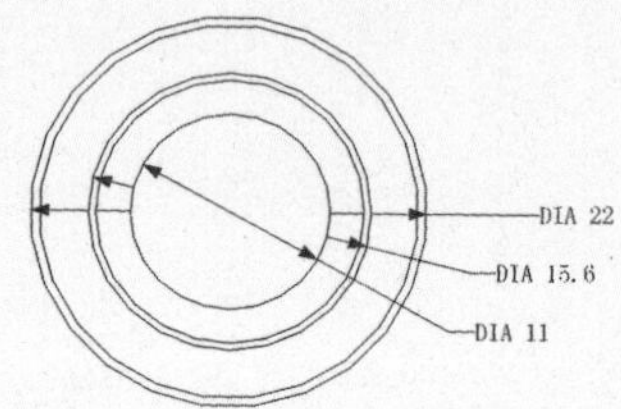


单位：m

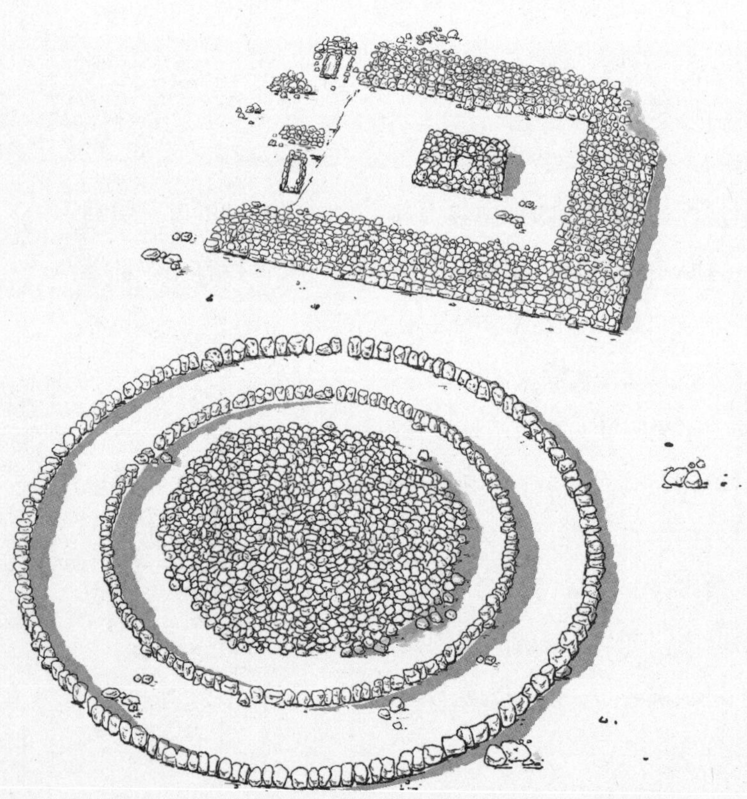

伏羲怎么会是蛇呢？伏中有犬，与狗有关，羲和牺则与羊和牛有关，哪有什么蛇？兵器倒是有的，因为伏羲又叫伏戏。戏，还有羲字中的“我”，本义都是兵器。如此说来，难道那蛇其实不过祭坛上器皿中兵器的倒影？[6]

当然不是。

伏羲变成蛇，不是“杯弓蛇影”，而是“文化革命”。也就是说，越来越重要也越来越牛的男人，开始要求在饮食和男女两个方面，都能体现其举足轻重的地位。

这就必须引蛇出洞。

但，为什么必须是蛇呢？因为只有蛇，才是男性最强有力的象征。鸟，就温柔了点，无法完成革命的任务。

所以，从氏族到部落，再到国家，蛇的作用都将一以贯之。在氏族时代，它是生殖崇拜的符号；到部落时代，它将成为图腾；到国家时代，它还将成为祖宗。只不过，狡猾的蛇多半会处于潜伏状态，该出洞时才露出真容。

妙哉伏羲！他还真是伏蛇，而且披着羊皮。

因此，潜伏的蛇神现在是羊人。他是羲，是義，也是美。美，上面是羊，下面是大，即“大人”。古文字中，大人物都写成正面而立的“大”（如美好的美），普通人则写成侧身而立的“亻”（如佯装的佯）。从佯到羲，到義，到美，伏羲这小伙子拾级而上，每一步都离不开羊。

善哉羊也！

是的，羊是善，也是祥。因为羊肉可食，羊皮可衣，羊粪可以肥田，羊角可以做武器或乐器。这样的衣食父母，岂非功德无量？这样的大慈大悲，难道还不吉祥？

同样，头戴羊角身披羊皮的羊人伏羲，难道不美？这样一位远古时代的大帅哥，难道不该成为族群的领袖？

应该！

实际上，吉祥二字，古文字就写作“吉羊”。但，如果祥就是羊，那什么东西“吉”？红莲之珠。红莲就是女阴，红莲之珠则可能是印度人的摩尼宝珠，中国人的火齐珠，即阴蒂。蒂，就是帝，古文字写成▼或▽。它可能是整朵花，也可能是花蕊或花蕾。因此，神秘的“六字真言”——唵嘛呢叭咪吽，翻译为六字汉语，就是“神，红莲之珠，吉”。[7]

◎六字真言艺术形象

它原是日本奈良金刚山寺“宝珠舍利塔”的上部，王镛绘，转引自赵国华《生殖文化崇拜论》。

这个形象，最下面是灿然绽放的莲花，内含丰硕多籽的莲蓬，上为光焰四射的宝珠。宝珠之内，又有莲花、莲蓬、宝珠，表示天地万物的生生不已，生命创造的永无止境。

噫！红莲之珠吉，冠羊之人祥。

吉祥二字，伏羲占了多半。

没错，吉的上半部分也跟他有关。

三分天下有其二，父系当然要取代母系。

但这一切，都是悄然发生的。在母系社会后期，当篝火燃起夜幕降临时，登上祭坛的仍是女娲或蛙女。那模样和场面，我们在巴布亚新几内亚的蛙人图上已经见过：掌握了“生与死”这“一号机密”的蛙女神，占据绝大部分画面，表示她是当然的领袖。她头上的装饰物鱼和鸟，分别代表着女性和男性生殖崇拜，也表示鱼人和鸟人是她的辅佐。四周，则是代表女性的花和代表子孙的星星点点。

至于男性的蛇人和羊人，此刻则多半还只能在台下打理那些陶罐、陶壶、陶盘、陶钵、陶杯、陶碗。他们当然想不到，自己跟前的陶鼎，将来会变成青铜的，并成为国家和政权的象征。他们更不会想到，为了问鼎中原，兄弟姐妹和子孙后代们将要付出怎样的代价。

## 在神面前

祭祀的高潮和余兴，是篝火晚会。

这很有必要，甚至不可或缺。要知道，原始时代的祭祀礼仪从来就不是规行矩步，庄严肃穆，而是载歌载舞，天恩共沐。那些充满激情的歌舞，也是献给神灵的礼物。

礼物从来就是丰盛的。

首先是牺牲和粢盛，也就是肉类和粮食。这是食物。其次是玉器和束帛。这是红包。牺牲、粢盛、玉器和束帛，合起来就叫“牺牲玉帛”。既有食物，又有红包，可见请神吃饭态度之诚恳，仪式之隆重，架势之排场。

盛放牺牲玉帛的器皿五花八门。方形的簠（读如府）和圆形的簋（读如鬼）用来放扬州炒饭，有圆有方的鼎用来炖红焖羊肉。不过，簠簋到商周才有，都是青铜器。原始时代摆放猪头三牲的，大约是陶豆。豆，类似于高足盘，有的还有盖。陈列着各种牺牲的豆，跟放着玉帛的器皿，叠加起来就是“豊”字。它读如礼，意思也是礼或礼器。[8]

礼的起源，就在这里。

实际上，远古人类的祭礼，原本就是人神之间客客气气的讨价还价和互惠互利。弱小而希望得到保护的人，献上忠诚和敬仰；强大而乐意受到崇拜的神，赐予雨露阳光。这就要有表达诚意的方式，包括牺牲玉帛，也包括高歌狂舞。

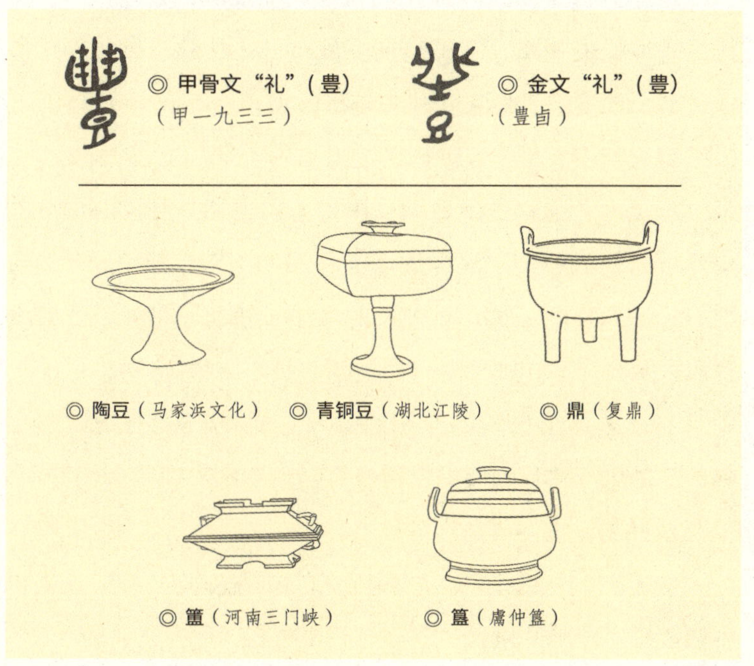

◎ 甲骨文“礼”（豊）（甲一九三三）

◎ 金文“礼”（豊）（豊卣）

◎ 陶豆（马家浜文化） ◎ 青铜豆（湖北江陵） ◎ 鼎（复鼎）

◎ 簠（河南三门峡） ◎ 簋（虘仲簋）

当然，粮食和肉类，神吃不掉；东西，也拿不走。玉帛之类，大约会重复使用。牺牲，则在仪式后由族民分食，叫胙肉（胙读如做）。这也不完全是怕浪费，还因为肉上已经有了神的祝福。分而食之，正是为了共享太平。

牺牲和粢盛是吃的，玉帛是用的，歌舞则是观看的和玩耍的。这同样是人神共享。没人知道，神灵们是否会坚持看完这台晚会。也许，享用了盛宴，拿走了红包，又观赏了部分节目，他们已心满意足，要回天庭或山林打盹。

然而分食了胙肉的族民们，却意犹未尽，兴致正浓。毕竟，请神吃饭的事，不可能天天都有。既然这日子相当于逢年过节，那又何不把它变成嘉年华?

篝火晚会，弄不好就通宵达旦。

那是一种怎样的歌舞啊！在青海省大通县孙家寨出土的陶盆上，我们看到了这样的场面：五人一组，手拉着手，头向一边侧，身向一边扭。他们的头上，飘着一根东西，疑为发辫；两腿之间，则翘着一根东西，疑为饰物。

嘻！这是土家族的摆手舞吗？这是纳西族的篝火晚会吗？这是藏族的打阿嘎吗？这是维吾尔族的麦西来甫吗?

也许是，也许不是。

说不定，它就是古人一再回忆的“葛天氏之乐”：三人操牛尾，投足以歌八阕。[9]

◎ 舞蹈陶盆

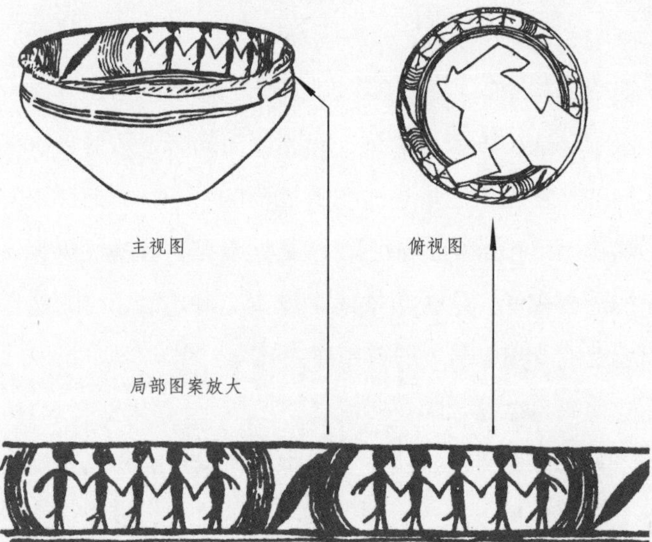


出土于青海省大通县孙家寨。

可以推测，这样的原始歌舞，一定虔诚而又蛮野，热烈而又谨严。那是先民们在庄严仪式上生命活力的体现。如果真如传说所言，乐器是女娲和伏羲的发明，那就可以这样来描述：如醉如狂，神采飞扬，伏羲琴瑟，女娲笙簧。

呵呵，蛙女和羊人，一齐上场。

更值得关注的，是两腿之间那疑为饰物的东西。

没错，这应该就是腰饰。但原始人的所谓腰饰，从来就是可疑的。它们往往是一些树上扯下的叶子，地上捡来的羽毛，或者松鼠和野狗的尾巴，遮蔽性极差，装饰性极强。人类学的研究表明，这些腰饰还是舞会上专用的，目的显然是要引起观赏者和参与者的特别注意。[10]

这可真是欲盖弥彰。

不难想象，月色朦胧，火光飘逸，疯狂摇摆飞速旋转的裸体上，唯独某一部分有着闪烁不定的珠光，摇曳生姿的流苏，会给春情勃发的青年男女以怎样的刺激。

因此晚会的尾声，恐怕不是齐声高唱“难忘今宵”，而是三三两两走进密林。个别性急的，也许还等不到那一刻。

做爱，以神的名义。

狂欢，在神的面前。

这就是远古的礼乐。

它是神的盛宴，也是爱的盛宴。

用不着大惊小怪。在原始时代，饮食和男女，原本就是同一件事情的两面，同一个目标的两手。这个目标和这件事情，就是族类的生存和发展。神，当然是赞同的。

这，才是祭祀仪式和篝火晚会的主旋律。

## 凌晨五点

篝火晚会上风头最健的，无疑是羊人伏羲。

这并不奇怪。原始舞会上的高手，从来就是男人。因为即便在父系氏族社会早期，择偶权也仍在女人那里。再牛的男人都不能霸王硬上弓，只能用出色的表现博取芳心。引吭高歌，翩翩起舞，无疑是行之有效的方式之一。

因此孙家寨出土的陶盆上，舞蹈者便都是男人。那高高翘起的所谓饰物，则其实是阳具，即能够体现自己特征和力量的证明。当然，不会是真家伙，只能是替代品。

孙家寨这只陶盆在考古学上属于马家窑类型。同类型彩陶纹饰中最突出的，就是大量的蛙纹和蝌蚪纹。可见这舞蹈是女娲时代的，舞蹈者应该是孔雀开屏般炫技求爱的鸟人和蛇人，表演的节目不是“百鸟朝凤”，便是“金蛇狂舞”。

伏羲时代的羊人，就酷得多。

首先他是“腕”。氏族的重大决策，已归他说了算。其次他是“款”。氏族的财政预算，也归他说了算。第三他是“爹”。氏族的新成员姓甚名谁，同样由他一锤定音。这也正是母系变成父系的三大表现 。

此时的男人正天天向上，他们的求爱也信心满满。

当然，羊人也有好几种。如果是“佯”，那就是猎手，会得到姑娘的爱慕；如果是“義”，那就是祭司，会得到姑娘的敬仰；如果是“美”，那就是大人，会得到姑娘的崇拜。

那么，如果他是“羲”呢？

哈，那就是大众情人，不知多少窈窕淑女和妙龄女郎都会春心荡漾，愿意以身相许。

为什么最具魅力的是羲呢？

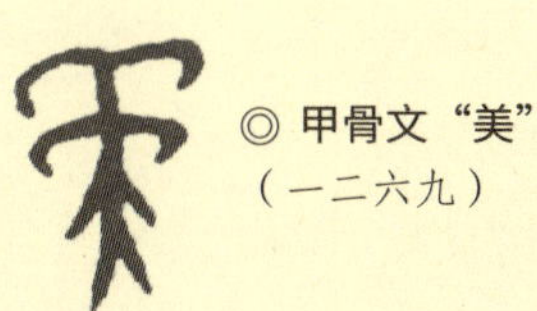

◎ 甲骨文“美”
（一二六九）

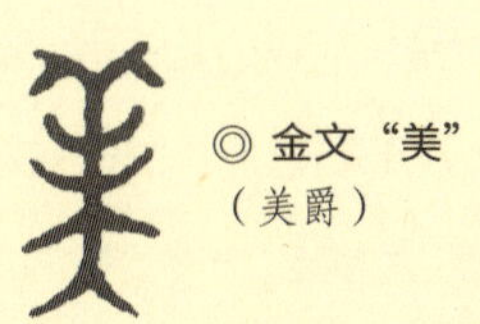

◎ 金文“美”
（美爵）

美，自许慎起，历来解释为“羊大”，即“羊大为美”。后来萧兵先生指出，应为“羊人为美”。萧说是。从字形上不难看出，美，上面是“羊”，下面是正面而立的“人”，即“大人”，也就是“冠羊之人”，亦即伏羲的形象之一。

因为只有羲，才是“披着羊皮的蛇”。也只有羲，兼具热乎乎的肉香和冷冰冰的杀气。没错，義和羲一样，既有羊又有我（兵器）。但，義是仪（儀）的本字，意思是“自己的威仪”，哪里比得上羲，刚柔相济，意味深长，前途无量。

请看历史。

前面说过，夏娃的革命成果是裸体直立，女娲的文化建树是生殖崇拜。生殖崇拜是不能叫做“性崇拜”的，因为它的目的是生儿育女，不是男欢女爱。它崇拜的也是繁衍生息的神秘力量，而不是导致性快感和性高潮的性能力。

然而生殖崇拜的产生，却绝不意味着人类又退回到了夏娃之前。相反，生殖崇拜是把人类独有的性和性关系，从纯自然的生活变成了可控制的文化。唯其如此，伏羲才能接过女娲的旗帜，并打上自己的烙印。

伏羲的烙印就是男人掌权。男人一旦掌权，生殖崇拜就会变成图腾崇拜，母爱社会就会变成男权社会，潜伏的蛇也就会变成飞天的龙。龙的传人，由此产生。

在此之前，那个漫长的岁月有着神话传说中的“三个代表”——夏娃代表原始群，意义是“从猿到人”，形象表现为裸猿；女娲代表母系氏族，意义是“从自然到文化”，形象表现为鱼、蛙、月亮；伏羲代表父系氏族，意义是“从母爱到男权”，形象表现为鸟、蛇、太阳。

| 阶段 | 原始群 | 母系氏族 | 父系氏族 |
| --- | --- | --- | --- |
| 标志 | 劳动工具 | 女性崇拜 | 男性崇拜 |
| 符号 | | | |
| 代表 | 夏娃 | 女娲 | 伏羲 |
| 意义 | 从猿到人 | 自然到文化 | 母爱到男权 |

完成这三大转变后，就连伏羲也将功成身退。女娲和伏羲共同代表的氏族社会，则将让位于部落时代。

现在是凌晨五点，让我们告别今宵。

是的。如果说夏娃代表的原始群处于蒙昧时代，那么女娲和伏羲则处于野蛮时代的初级阶段。这是一个激情燃烧的岁月。中华民族的伟大先民筚路蓝缕，披荆斩棘，勇往直前，表现出非凡的想象力和创造力，光辉灿烂，绚丽多彩。

这也是春天的故事，女人含苞待放，男人旭日东升。他们创造出多种文化和文化模式：工具、巫术、生殖崇拜、祭祀礼仪、原始歌舞和人体装饰。而且按照传统说法，在伏羲的时代，我们还创造了最早的文化符号，也就是八卦；产生了最早的哲学概念，也就是阴阳。

这就实在太牛了！

因此，尽管这时伏羲还是羊，但总有一天会变成牛。

事实上，他也就这样变了。

变成牛的伏羲，就是炎帝。

第四章

# 炎帝东征

蛇第二次出场后，
部落的时代开始了。
炎帝为它揭幕剪彩，
牛图腾的旗帜高高飘扬。

# 炎帝是谁

炎帝来接伏羲的班，一定走了很远的路。[1]

接班人炎帝身份不明。

请问，他就是神农吗？不知。也许是，也许不是。他跟黄帝同时代吗？也不知。有人说同时，有人说先后。[2]

这些陈芝麻烂谷子，就连司马迁也拉扯不清。他的办法是在《五帝本纪》中带上一笔，把神农看作一个过去了的时代，把炎帝说成与黄帝同时，但不立传，实际上是将炎帝存而不论，却把黄帝扎扎实实地算作了五帝的第一人。

这当然很严谨，但不能解决问题。没错，炎帝可以不是五帝，也可以不是神农，却总得是个什么吧？这样一位重要的始祖，岂能没有说法？

不是“五帝”，就只能是“三皇”。

三皇同样是笔糊涂账，因为根本就是编出来的。春秋时期原本只有“五霸”，孟子针锋相对提出夏禹、商汤、周文“三王”，到荀子冒出“五帝”，到吕不韦又冒出“三皇”。三皇、五帝、三王、五霸，如此三五成群，整齐划一，本身就很可疑。先有三王，后有五帝；先有五帝，后有三皇。越是远古的人物，被人提及反倒越晚，这又可疑。[3]

更何况，《荀子》只有空洞的五帝，《吕览》只有空洞的三皇。《庄子》的三皇五帝不但空洞，就连提到这茬的篇章都不知是何人所写。三皇也好，五帝也罢，到底是谁，其实没人清楚。荀子他们留下的，是一道填空题。

还是毛泽东说得对：五帝三皇神圣事，骗了无涯过客。[4]

胡编乱造的结果，是三皇的说法不下六种：

天皇、地皇、泰皇；[5]

天皇、地皇、人皇；[6]

伏羲、女娲、神农；[7]

伏羲、神农、祝融；[8]

伏羲、神农、共工；[9]

燧人、伏羲、神农。[10]

六种说法，最靠谱的是伏羲、女娲、神农。只不过，女娲不可能在伏羲之后，神农倒无妨与炎帝认同。因此，伏羲之后，黄帝之前，就该是炎帝。

其实只要不认死理，问题便好解决。比方说把女娲、伏羲、炎帝（或神农），看作五帝之前的“三个代表”，叫不叫“三皇”倒无所谓。苟如此，本段历史便可以这样表述：

女娲代表母系氏族。

伏羲代表父系氏族。

炎帝代表早期部落。

黄帝代表晚期部落。

尧舜代表部落联盟。

这就清清楚楚，就连第二种说法也可以重新解释：女娲天皇，伏羲地皇，炎帝人皇；女娲天圆，伏羲地方，炎帝外圆内方。当然，作为神话传说人物，他们也都半人半兽，比如女娲是蛙，伏羲是蛇。

那么，炎帝是什么？

牛。

没错。炎帝神农氏人身牛首。[11]

这很有意思。如果炎帝是神农，那么他是农业神；如果神农是炎帝，那么他是太阳神。太阳和牛之间有什么联系不清楚，但可以肯定，炎帝早就被认定是太阳。

是的。炎帝者，太阳也。[12]

太阳神的形象一般表现为鸟，比如成都金沙遗址出土的太阳神鸟，以及古埃及的荷鲁斯（Horus）。不过远古神话人物是形象多变也多样的，伏羲就既是羊人也是蛇。何况牛在先民们的生活中极为重要，西班牙阿尔塔米拉（Altamira）洞穴里就画着受伤的野牛。汉字中，特别的特，物资的物，放牧的牧，都以牛为偏旁部首。这样看，炎帝也不妨是牛。

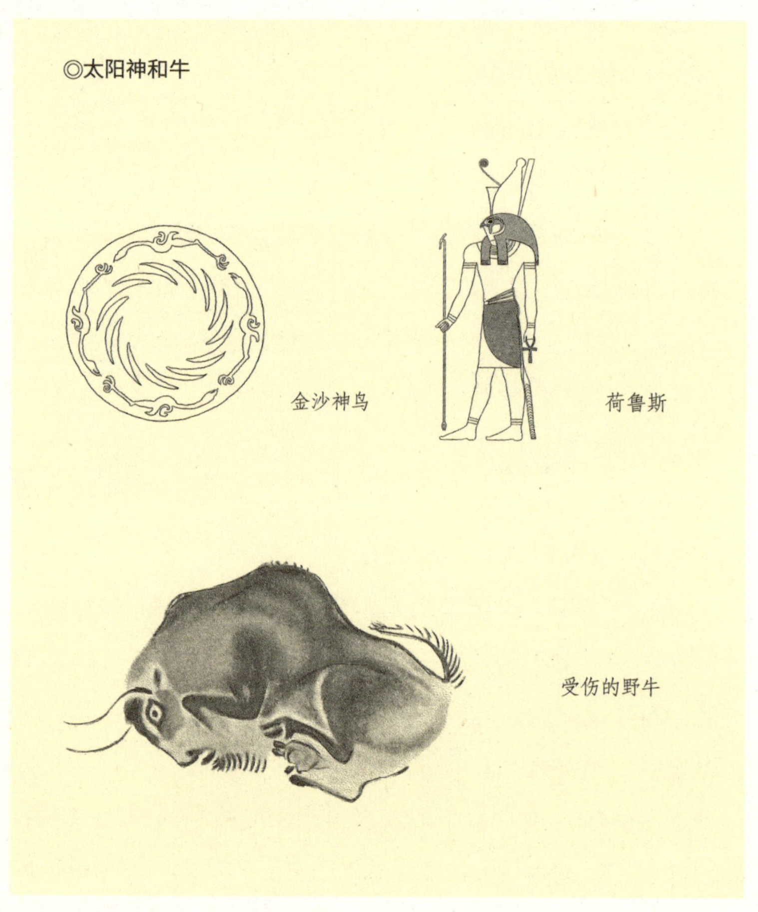

◎太阳神和牛

金沙神鸟

荷鲁斯

受伤的野牛

炎帝是牛，伏羲是蛇，这可真是“牛鬼蛇神”。

真是“牛鬼蛇神”倒也好，麻烦在于炎帝既是牛同时又是羊，因为姓姜。姜就是羊女，正如伏羲是羊人。[13]

传统的说法却不是这样。《国语·晋语》就说，炎帝姓姜是因为住在姜水，正如黄帝姓姬是因为住在姬水。姬水即今陕西省武功县漆水河，姜水即今陕西省宝鸡市清姜河。如此说来，炎帝和黄帝都是陕西人，还真可能是兄弟。[14]

可惜，如此言之凿凿，反倒可疑。何况《国语》的可信程度，原本相当于《三国演义》，只能当评书听。实际上黄帝姓姬和炎帝姓姜都另有原因（详见本书第五章）。因此比较靠得住的说法，是姜姓乃西戎羌族的一支，后来因游牧而进入中原。羌，西戎牧羊人也，当然是羊人。[15]

羌族是羊人，伏羲也是。羊人接羊人，靠谱。

但，如果炎帝是羊人，怎么会牛头人身？而且伏羲是羊也是蛇，为什么由牛来接班？何况炎帝是西方戎族，伏羲则也许是东方夷族，也许是南方蛮族。炎帝接了伏羲的棒，岂非“东拉西扯”，或“南腔北调”？[16]

这又是一笔糊涂账。

好在有人愿意出庭作证并解释这一切。

他，就是古希腊的酒神狄俄尼索斯（Dionysus）。

## 证人狄俄尼索斯

据说，狄俄尼索斯是从宙斯的大腿里生出来的。

此事并不奇怪，因为他是私生子，是他父亲与美丽的底比斯（Thebes，又译忒拜）公主塞墨勒（Semele）偷情时留下的风流果实。这件事让天后赫拉怒不可遏，竟设下毒计怂恿塞墨勒要求宙斯现出原形。肉体凡胎的塞墨勒哪里承受得了众神之王的万丈光芒，几乎顷刻间就灰飞烟灭。只有他们的孩子被救出，在父亲的大腿里养到足月。

大难不死的狄俄尼索斯成了酒神，并有多种形象，比如葡萄树、山羊和公牛。实际上小狄的神性和神格都是变来变去和模糊不清的，有时候是枝繁叶茂的果树，有时候则是驾牛耕田的人，所以他也是一般意义的树木和农业之神。

这倒是很像炎帝，如果他就是神农。

区别仅仅在于，神农并不酿酒，也不是葡萄树。

但炎帝是牛，他的前任伏羲则是蛇也是羊。

如此看来，狄俄尼索斯集山羊和公牛于一身，就堪称意味深长。事实上，在世界各民族文化中，羊和牛都被看作生殖能力极强的动物，牛鞭和中草药淫羊藿则是中国古代伟哥，古希腊那个长着山羊角、羊尾巴和两条羊腿的牧神和山林之神潘（Pan）更是性欲旺盛。难怪最重要的祭品是羊和牛。用牛羊献祭，可谓同时保证饮食男女的一揽子解决方案。

祭祀狄俄尼索斯的酒神节（Bacchanalia）恐怕也有这个意思。这种可以看作希腊戏剧发源地的古老仪式，是要由羊人和马人组成歌队来伴唱的。在古希腊的绘画中，那些家伙的阴茎都雄壮勃起，便足以说明意义所在。

但，这跟蛇又有什么关系？

关系就在按照另一种版本的说法，酒神是宙斯与冥后珀耳塞福涅（Persephone）的性爱之果，而且当时那位男一号还化身为蛇。这件事的文化意义，跟狄俄尼索斯被缝入宙斯的大腿一样，其实是众神之王要把自己的生殖力分出来，单独成为一个神。因此，狄爷的神像是用象征性爱的无花果木雕刻的。也因此，他一生下来，就头上长角。

角在古希腊，也是男性生殖器的象征。所以，狄俄尼索斯不可避免地要变成山羊和公牛。赫拉盛怒也不仅因为宙斯偷情，更因为被篡夺了权力。要知道，即便在古希腊，生殖崇拜起先也是女性的专利。现在冒出个夺权的男神，还是私生子，天后岂能不怒火中烧？争风吃醋倒在其次。

但，生殖崇拜既然必定要从女性扩展到男性，负责生殖和性爱的男神就一定会诞生。狄俄尼索斯也在被追杀中一变再变，变成蛇，变成马，变成公牛。最后，他的标准像基本上是这副模样：人的身体，身披牛皮，头戴牛角，两只牛蹄垂在背后，跟我们的老祖宗炎帝简直如出一辙。[17]

现在很清楚：宙斯变成蛇，生下狄俄尼索斯。后者则既是山羊，也是公牛，还是蛇。这说明什么呢？说明蛇可以变成羊，羊可以变成牛。蛇、羊、牛，都是一个系统的。

蛇神、羊人、牛鬼，就这样击鼓传花。

但这个过程，在中国要啰唆一些。

麻烦在于，蛇神、羊人、牛鬼，在我们这里不但表现为三个阶段，也表现为三个地区和三个族群：蛇神是东方夷族或南方蛮族，羊人是西方的羌族，牛鬼则是来到中原的炎帝族。炎帝虽然本是羌族，却不能跟原始羌族画等号。正如希腊人是雅利安人的一支，雅利安人却不等于希腊人。

何况那羌族的代表是谁，也不清楚。但可以肯定，从伏羲这蛇神，到炎帝这牛鬼，中间必定经历了羌族的羊人。

他是一位无名英雄。

◎击鼓传花

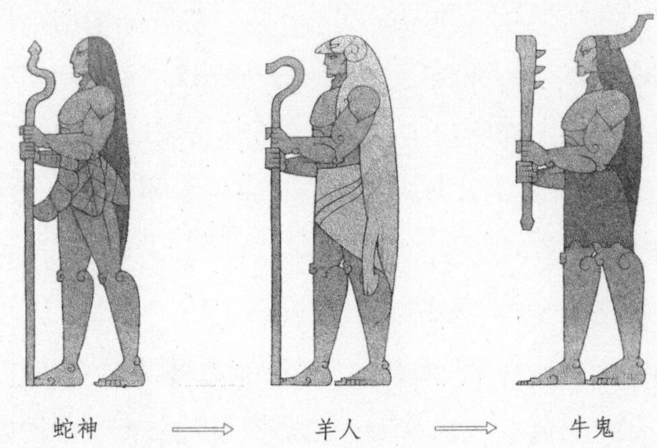


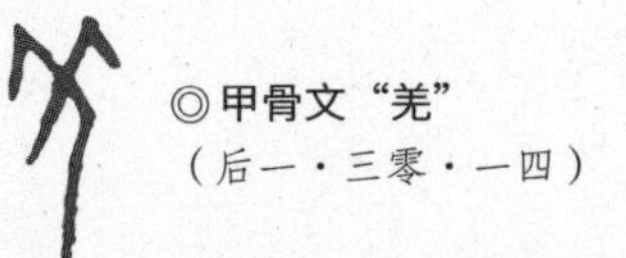

◎甲骨文“羌”
（后一·三零·一四）

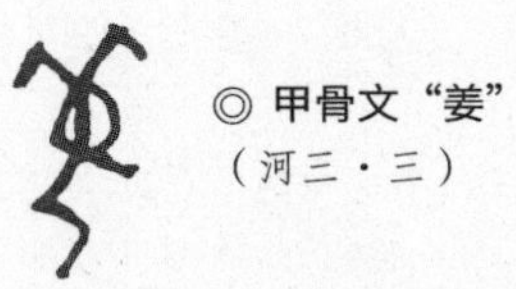

◎ 甲骨文“姜”
（河三·三）

《古文字诂林》第九册第741页注云：姜与羌通用，三姜即三羌。

实际上，羌就是羊人，即牧羊人；姜则是羊女，也就是牧羊女。羌的甲骨文，就是上面两只羊角，下面一个侧身而立的人。既然不是正面而立的大人物，当然名不见经传，或只能隐姓埋名。也因此，他不是美，而是羌。

姜，则是上面两只羊角，下面一个孕妇。很显然，姜就是“羊女所生”。在母系氏族社会，妈妈姓姜，子女也姓姜。姜，是羊妈妈的羊宝宝。

这就是炎帝族姜姓的来历。

其实就连“姓”的本义，也是“女之所生”。所以，最古老的姓都是母姓，也都从女，比如炎帝的姜，黄帝的姬，舜帝的姚，夏族的姒。总之，姓就是母系，氏才是父系，氏族社会应该叫“姓族社会”，炎帝也该出自姜族。[18]

那么，姜族怎么成了羌族？

因为天地翻覆，世道变了。自从女娲由蛙变蛇，历史就被改写，甚至黑白颠倒，面目全非。

## 图腾柱，竖起来

前面说过，人类社会的发展，是从原始群到氏族，到部落，到部落联盟，再到国家，即由点到面，到片，到圈，到国。其中有的是就地扩容，比如夏娃变女娲；有的是迁徙变性，比如羌族变炎帝。但只要性质变了，名称就会更改。

因此，羌族和羌人，是有可能原本叫姜族或姜人的。姜和羌，也可能原本是同一个字。但为了明确母系变父系，必须用男性的羌，取代女性的姜，就像从西部迁徙到中原进入部落时代的那一支，要改名为炎帝族。

好在即便是炎帝，也仍姓姜。这倒不因为那姜水，而是因为那西戎的牧羊女。她的样子，我们在电影《少林寺》里见到过，在王洛宾的歌里也听说过。

是的，在那遥远的地方，也在那遥远的年代。

那是一位美丽的少女，那是一位伟大的母亲。她的伟大就在于为了族的生存和发展，毅然交出了管理权。姜人这才变成羌族。作为羌族一支的炎帝，也才能革故鼎新，把族群的徽号、标识和旗帜，从羊变成了牛。

牛、羊、蛇，又有什么不同？

蛇是生殖崇拜，牛是图腾崇拜，羊是过渡时期。

什么是图腾（totem）？对于原始民族来说，图腾就是他们的国名、国旗和国徽，是他们的共同祖先，也是他们的身份认同。比如某个族群以鹰为图腾，那么，族的成员便从小就会被告知，自己的老祖宗是一只神鹰，他们这个族群或族类叫鹰族，是那只男性神鹰的子孙后代，等等。[19]

因此，作为“鹰的传人”，他们的酋长必须头插鹰羽，鼻似鹰钩，族民们则要进行鹰的文身。他们的旗帜上会画着雄鹰，村口则竖起一根雕刻着鹰头的柱子，叫“图腾柱”。隔三差五，逢年过节，他们便围绕着这图腾柱，吹起鹰笛，跳起鹰舞，就像帕米尔高原塔什库尔干的塔吉克人。

难怪形形色色的牛鬼蛇神会纷纷粉墨登场了。但这些原始民族的图腾，并不是阎王殿里的牛头马面和黑白无常，反倒是些正派人，比如古埃及和古希腊的狼和鹰，古罗马的马和野猫，黄帝手下的熊、罴、貔、虎，少昊手下的凤鸟、玄鸟、青鸟、丹鸟，畲族和瑶族的盘瓠等等，不一而足。

当然还有蛇，也应该有蛇。

的确，图腾几乎无一例外都是由男性生殖崇拜的象征物转变而来的，只不过蛇在中国有些特别。作为男性的符号和代码，它是蛇；当它成为图腾时，就变成了龙。变成了龙的蛇也不再仅仅属于某个部落，而是一个大族群的总图腾（详见本书第五章）。唯其如此，我们也才成为龙的传人。

问题是，有了图腾又如何呢？

天下就由女人的，变成了男人的。实际上，无论世界各民族的图腾是怎样的五花八门，也无论它们是动物（比如鹦鹉）、植物（比如球茎），还是某种自然现象（比如电闪雷鸣），反正都是男性的，是让族群的老祖母神秘怀孕的男神。

这当然并不可能。让女人怀孕的，只会是男人。

由此可见，弄出一个神来做图腾，其实就是要把那男人说成神，是男性生育作用的神圣化和神秘化。这样做，也显然只有一个目的，就是抬高男人的地位。也就是说，过去打下手的，现在要当老板。为此，先得冒充神灵，过把神瘾。也因此，当男人坐稳了江山，可以称孤道寡唯我独尊时，所有的图腾便都退出了历史舞台，消失得无影无踪。

图腾的作用，不言而喻，一目了然。

但，自从太阳里有了金乌，祭坛上有了蛇神，男人的地位已大幅度提高，为什么还要高高地竖起图腾柱？

◎ 图腾柱

加拿大温哥华图腾公园
印第安人图腾柱

哥伦比亚雷鸟公园
印第安海达人图腾柱

吉特克桑人图腾柱

也不完全是贪得无厌，得寸进尺。族群的扩大，恐怕是重要原因。纯自然形成的原始群非常弱小，因此是点。变成氏族就已壮大，因此是面。氏族壮大以后，便分门别户，裂变为多个氏族。这些藕断丝连的氏族，再加上周边相邻相近的七零八落，联合起来就是部落，也就是片。

连成一片的部落，人更多，地更广，事务更繁忙，关系更复杂。氏族成员都是血亲，部落则还要加上姻亲。七大姑八大姨，老丈人小舅子，妯娌连襟，旧友新朋拢在一起，当然需要凝聚力，需要总指挥，需要顶梁柱。非如此，不能将这些一盘散沙的大小氏族拧成一股绳，来发展生产力，提高战斗力，共同对付野兽和敌人。

图腾是必需的，问题只在是什么。

核心也是必需的，关键只在谁来当。

## 牧羊鞭与指挥刀

坚强有力的领导核心，必须是男人，也只能是男人。

男人是雄性的动物，也是野心的动物。男权的确立，今天看来也许可以商量，但在当时却势在必行。沧海横流危机四伏之时，族群需要的不是温馨和柔美，而是铁腕、铁血和铁面。因此，新生的部落和部落时代，不但需要雄心勃勃的男人来当核心，还需要强壮有力的动物来做图腾。

比如牛。

不清楚炎帝族为什么选择了牛，但应该与神农被看作农业神无关。毕竟，耕牛的使用，要到青铜甚至铁制的犁发明之后，从西部走向中原的炎帝族则仍是游牧民族。因此，从逻辑上讲，这种选择只有一种可能，那就是生猛的牛，尤其是公牛和野牛，要比温顺的羊更像雄性。[20]

让这些勇敢者心动的，正是这种力量感吧？

事实上，炎帝能够成为华夏民族的始祖之一，就因为他们在当时便出类拔萃，比其他的西戎部落更有进取心。唯其如此，他们才会从西部出走，就像当年猿群中走出森林的那一支。也许，羊曾做过他们的图腾。也许，留在西部的其他羌人部落仍然会以羊为图腾。但，远走他乡的这些毅然决然的改革者，却必须彻底告别过去，并更换旗号。[21]

当然，他们不会想到，这种更换竟是划时代的。

中华民族的史前史经历了三个历史阶段：氏族、部落、国家的诞生。表现为文化模式，则分别是生殖崇拜、图腾崇拜和祖宗崇拜。祖宗崇拜是图腾崇拜的顺延，我们以后再说；图腾崇拜则是生殖崇拜的革命，是此刻的事情。它很可能就发生在姜人东迁的途中。牛替代羊，则意味着革命成功。

<table>
<tr><td rowspan="3">氏族</td><td rowspan="3">生殖崇拜</td><td>女娲时代</td><td>鱼、蛙、月亮</td></tr>
<tr><td>伏羲时代</td><td>鸟、蛇、太阳</td></tr>
<tr><td>炎帝时代</td><td>牛</td></tr>
<tr><td>部落</td><td colspan="3">图腾崇拜</td></tr>
<tr><td>国家</td><td colspan="3">祖宗崇拜</td></tr>
<tr><td>夏启以后</td><td colspan="3">人</td></tr>
</table>

显然，炎帝族从西部来到中原，不是简单的迁徙。它的深远意义，并不亚于中国工农红军的二万五千里长征。

生殖变成图腾，怎么就是革命呢？

首先，生殖崇拜男女平等，甚至女先男后；图腾却只崇拜男性，男尊女卑。其次，生殖崇拜百花齐放，鱼、蛙、月亮，鸟、蛇、太阳，可以同时崇拜，并行不悖。图腾崇拜却要求定于一尊，每个部落都只有一个图腾，而且它们迟早要归于一统，就像上下埃及兼并以后的神鹰荷鲁斯。

更重要的是，生殖崇拜代表氏族时代，图腾崇拜代表部落时代。氏族的首长是族长，部落的首长是酋长。族长是劳动者，手里拿的是牧羊鞭；酋长是领导者，手里拿的是指挥刀。牧羊鞭变成了指挥刀，这难道还不是革命？

现在已经很难确知，在那革命的紧要关头都发生了一些什么事情。也许，一切都是静悄悄的，更没建立档案。唯其如此，留给历史的才会是一片扑朔迷离。

比方说，蛇、羊、牛，究竟是生殖崇拜的象征，还是图腾崇拜的对象？都是，又都不是。蛇，如果在历史的演变中不曾成为图腾，就不会变成龙。牛，如果不曾是生殖崇拜的象征，也不会变成图腾。可见同一事物在不同时期有不同身份，如果混为一谈，那不是历史的错。

何况线索也很清晰，那就是先有女性生殖崇拜，后有男性生殖崇拜，然后变成图腾崇拜。因此西戎族群的形象和称谓，就必须一变再变。起先是牧羊女，这就是姜。然后是牧羊人，这就是羌。下一步，应该是变成牧羊犬，就像畲族和瑶族的盘瓠；或者牧羊神，就像古希腊的潘。可惜，这一环节遗失了证据。结果，便跳跃式地直接变成了牛。

作为牧羊女的子孙，羌或姜来到了历史的岔路口。他们一部分留在西部，成为羌族；另一部分则来到中原，成为炎帝族。炎帝族带来了自己的西戎文化，也融合了中原的本土文化，包括伏羲族传入中原的东夷文化或南蛮文化。

也就在那时，伏羲交出了接力棒。

部落的时代开始了。牛首人身的炎帝为它揭幕剪彩，牛图腾的旗帜高高飘扬。

弹指一挥间，换了人间。

## 蛇的第二次出场

事情已经清楚，羊女变羌人，是革命的关键时刻。

我们不知道，在那微妙敏感的弹指之间，是女人主动让贤，还是男人强势夺权。如果是后者，那么可以肯定，蛇在其中一定起了很坏的作用。

蛇是一个狡猾的家伙，它潜伏了很久。

的确，远古神话中，蛇是无处不在又若隐若现的，最重要的出场则有两次。第一次在伊甸园，通过诱惑夏娃把生殖变成了性。那时的它性感而坦诚，称得上是背了黑锅的无名英雄。此后，蛇功成身退，蛙闪亮登场。生殖变成性，动物就变成了人。生殖崇拜诞生，自然就变成了文化。

人类的两次前进，蛇和蛙都功不可没。

善哉，蛇也！

因此，按照轮流坐庄的原则，蛇当然要二次出场。这似乎无可厚非，甚至天经地义，就连女娲也没有表示异议。只不过谁都没有想到，性感而坦诚的蛇会变得邪恶、狡猾和贪婪。它在历史的舞台上，居然一坐就是几千年。

更让人想不到的是，蛇的重新上台，动机和目的已不是让女人快活，而是要自己快活。人们当然也想不到，蛇刚刚一上台就恩将仇报，翻脸不认人。它不但独霸了天下，还利用手中的公权力，私下里把女娲变成了蛇。

原本表示男女平等的“蛇蛙纹”也变成了玄武，并被解释为龟蛇合体。其实龟也是男性生殖崇拜符号，正如男人的某个部位叫龟头。所以，雌雄同体的玄武，不可能是龟和蛇的组合，只能是蛙和蛇的共处，却也被偷梁换柱。[22]

然而冒充医生的蛇，做完手术后就悄悄地擦掉了所有的指纹，销毁作案工具，迅速撤离现场。自己也改头换面变成了牛，满脸的无辜。结果，“女娲是蛇”和“龟蛇合体”的弥天大谎，便哄骗了众多的书呆子和老实人。

可惜蛇再狡猾，也想不到它的同案犯会留下证据。这个同案犯就是鸟，证据则是一系列的“鸟啄鱼”或“鸟衔鱼”图案。这种图案，直到明代的砖刻上都有。这些蛛丝马迹雄辩地证明了，蛇吞蛙，鸟食鱼，不但在自然界屡见不鲜，在人类历史上也曾是惊人的一幕。

◎ 鸟鱼纹样

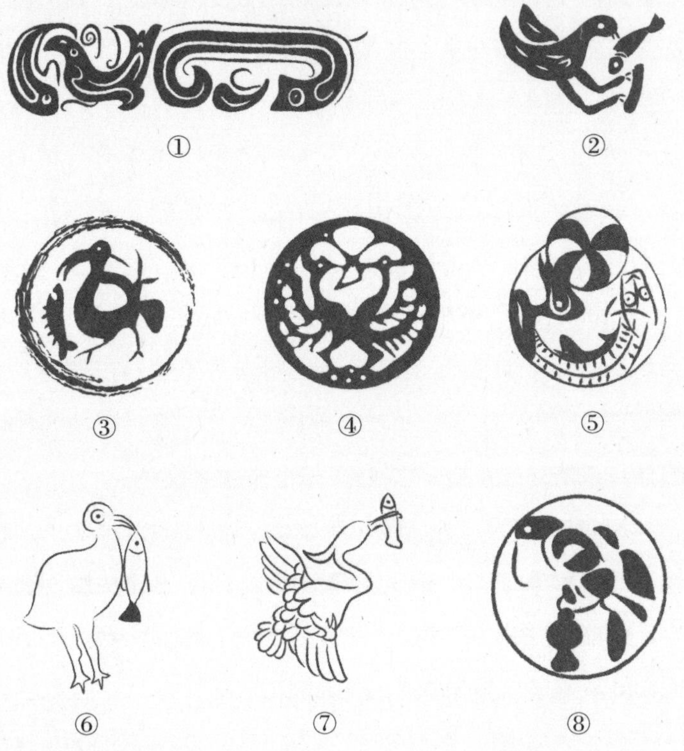

① 西周青铜器鸟鱼纹
② 汉代画像石鸟啄鱼纹
③ 秦汉瓦当鸟衔鱼纹
④ 晋代金饰品鸟衔鱼纹
⑤ 临汝阎村出土彩陶缸鸟衔鱼图
⑥ 宝鸡北首岭出土细颈彩陶壶上鸟啄鱼纹
⑦ 明代织锦鸟衔鱼纹
⑧ 明代砖刻鸟衔鱼纹

蛇，为什么能得逞？

根本原因在于经济。在母系氏族社会的后期，其实已有财产的权属。虽然那时还是“夫从妻居”，但如果分手，男人可以带着劳动工具、牲畜和粮食一走了之，女人则只能留着她的锅碗瓢盆，坐守空巢，招降纳叛。

◎ 坐守空巢

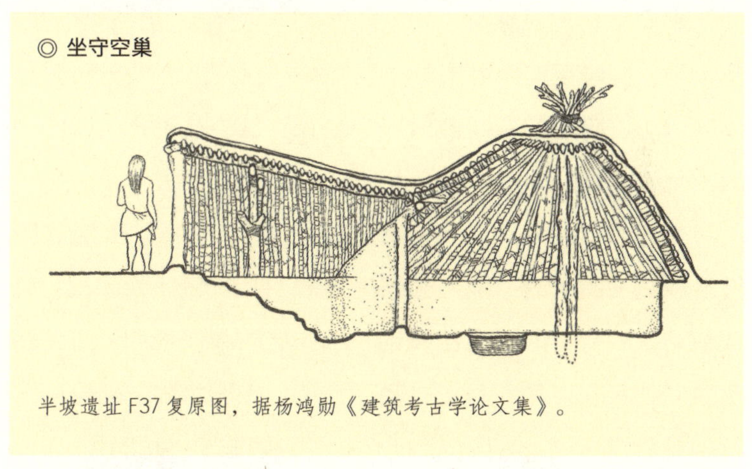

半坡遗址 F37 复原图，据杨鸿勋《建筑考古学论文集》。

这事不能以今度古。那会儿可没什么房地产，男人拥有的要值钱得多。比如牲畜，可以吃也可以用，是生活资料也是劳动工具。何况到了后来，男人还有了新的“牲畜”。这就是奴隶，是男人猎获的战俘。而且这些最廉价的劳动力正如恩格斯所说，还跟牲畜一样是很容易繁殖的。[23]

这时的男人真是咸鱼翻身今非昔比。他既是资本家，又是统治者，还是当家人，钱包鼓鼓，如狼似虎。

财大必然气粗。创出产业的男人再也无法容忍血缘按照母系计算。因为那意味着自己挣下家当跟亲生儿子半点关系都没有，丈母娘和小姨子倒有份，甚至会划到另一个男人孩子的账上。要知道，那时的女人是可以有许多性伙伴的。

因此，这种制度必须废除。

事实上它也被废除了。这虽然是人类经历过的最激进的革命之一，但当真做起来却比现在房产过户或者银行转账还要简单。它简单到只需要做一个决议：从今往后，子女的归属由父亲的身份决定，与母亲属于哪个氏族无关。

然而女人却从此失去了财产权，包括所有权、支配权和继承权。与此同时，她们也丧失了政治权，包括参政权、议政权、执政权、选举权和被选举权。这些政治权利，即便在古希腊的民主时期，女人也是没有的。在旧中国，她们则还要被剥夺祭祀权。这在古代社会，可是最重要的权利。

没有祭祀权的女人，死都死得不一样。在甘肃临夏秦魏家，考古学家发现了父系氏族时代的古墓。在十余座夫妻合葬的坟墓里，男人都是仰面朝天，大大咧咧；女人都是弯腿侧身，委委屈屈。男尊女卑的意思，一清二楚。

这才真是死不平等。

◎ 死不平等

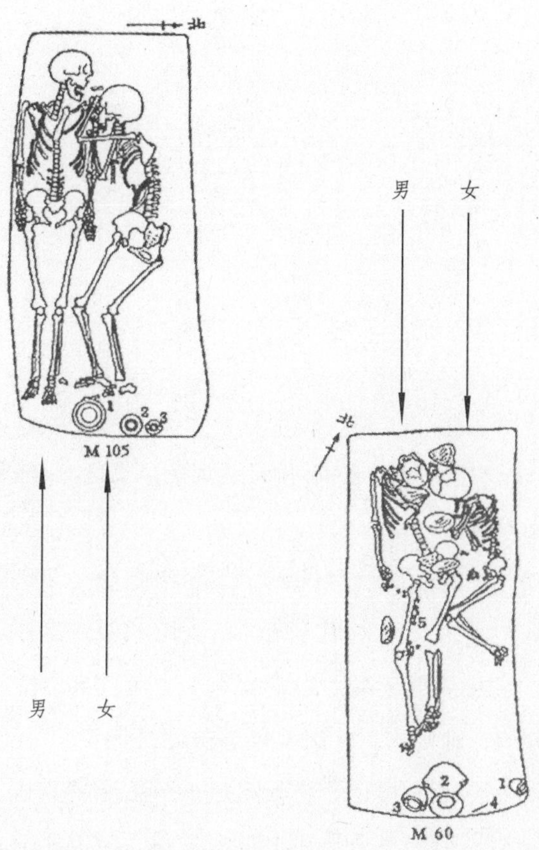


据《考古》1960年03期《临夏大何庄、秦魏家两处齐家文化遗址发掘简报》。

## 谋杀与强奸

女人的失败，一半因为无奈，一半因为心软；从母系到父系，从氏族到部落，则既有和平演变，又有血腥镇压。

这当然都因为蛇。

其实，男性生殖崇拜的最早象征不是蛇，而是比较温柔可爱的鸟，后来又有蜥蜴和龟。龟与蛇的最大区别，是没有攻击性。这就接近于蛙。甲骨文有个“龟”字，便简直就是彩陶的蛙纹，难怪玄武中的蛙能够被龟替代。

蛇就完全不一样了。它不但是一个狡猾的家伙，也是残忍的家伙。先民们十分怕蛇。平时走路，见面询问“有没有蛇”，都只敢说“有它无”。出门办事，也要先说一句：没有它吧？如果不小心碰到蛇头，则会惊叫：有它！有它！[24]

这真是太可怕了！

可见，起用蛇做象征，本身就意味着邪恶和暴力，甚至从一开始就是阴谋。但要实现男权的统治，只能如此。我们知道，在古文字中，也和它，是同一个字。也，本义可能是女阴；它，本义可能是长虫。长虫和女阴有什么关系？意思也很清楚：能对付女人的就是蛇，或者蛇代表的东西。[25]

狡猾残忍的蛇，必然登场。

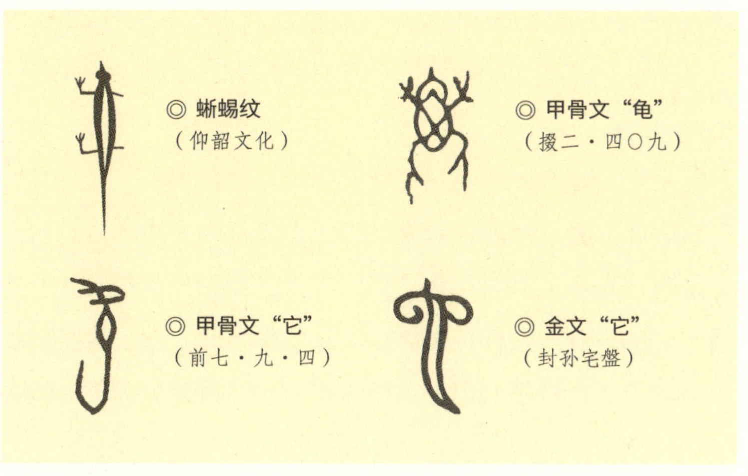

◎ 蜥蜴纹（仰韶文化）

◎ 甲骨文“龟”（掇二・四〇九）

◎ 甲骨文“它”（前七・九・四）

◎ 金文“它”（封孙宅盘）

蛇的罪行有两条：谋杀和强奸。

谋杀的对象，是婚后生的第一个孩子。他必须被杀掉或吃掉，叫“杀首子”。最人道的做法也是扔掉，叫“弃子”。这当然是为了男人的财产，不至于落到某个野种的名下。毕竟在性自由的原始时代，法定的父亲确实无法知道那小子是自己的，还是别人的。那时又没亲子鉴定。

这种惨无人道的恶俗和陋习，后来当然被彻底废除。但这绝不是哪个男人发了善心，只因女人的贞洁有了保证。事实上，新婚之妻如果是处女，杀掉或者抛弃自己的第一个儿子，就不但没有必要，而且愚蠢透顶。

吊诡的是，女人守贞却可能是男人强奸的结果。

这个弯转得实在太大，也只能长话短说。实际上守贞在原始时代，原本是女人的权利，也是权力。权利不是义务，它可以行使，也可以放弃。守贞权也一样。因为爱情，只跟某一个男人做爱，是行使；为了快乐，随便跟任何男人上床，是放弃。无论行使还是放弃，都体现了她的自由与尊严。

因此，要想女人不是为她自己，而是为了男人，甚至为可能素不相识的未婚男人守贞，就只有剥夺她们的自由，摧毁她们的自尊。强奸，无疑是最直截了当的办法。某些特别恶毒的男人，甚至有可能会选择在月经期强奸。目的，就是要给女性那脆弱的心灵以沉重而致命的打击。

蛇的狡猾，正在于此；蛇的残忍，也在于此。

现在已难讲清，以性器为武器，是有意还是无意。但可以肯定，男人一旦决定进攻，女人是打不赢的。从此，守贞不再是女人的权利，而是她的义务。她不但可以守贞，而且必须守。至于男人，却可以继续寻花问柳。后来，还可以公开合法地纳妾，半公开半合法地嫖娼，以及玩弄男童。氏族社会的血色黄昏，揭开了部落时代和男权社会的序幕。

女人失去了自由，男人获得了霸权，这无疑是女性的失败。而且恩格斯还说，这种失败是世界性和历史性的。

但，男人也不要高兴得太早。

男人有男人的问题，这就是“雄性的嫉妒”。它对于“共居生活的群”天然地具有破坏性，更是一个集团可持续发展的大敌。动物没有这个问题，是因为雄性只在交尾期嫉妒，择偶权又在雌性。但此刻的人类社会，却是男人“要什么便有什么，喜欢谁便是谁”，你怎么保证他们不打起来？[26]

◎ 从女权到男权

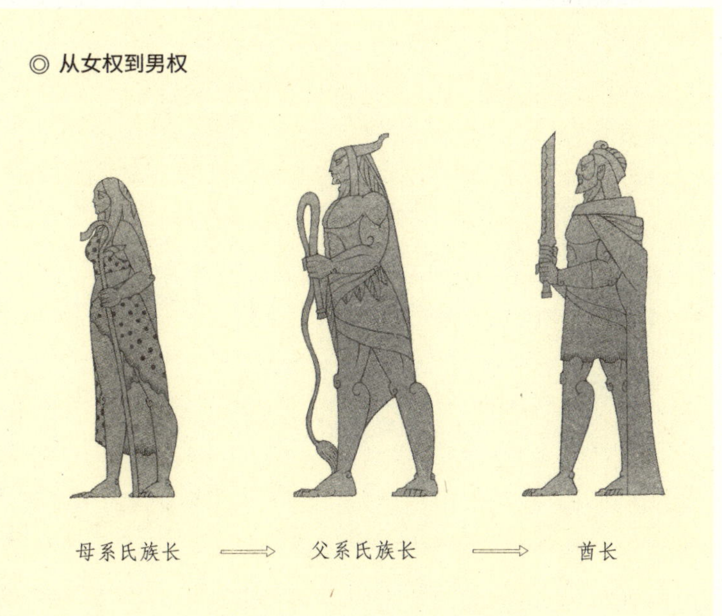

所以，母系的社会可以各得其所，男人的江湖却需要摆平。何况除了得到女人的身体，还有土地的争夺，边境的纠纷，水源的占有，财产的谋取，以及出人头地的欲望。这些都要靠拳头说话，也只有拳头说话才管用。

更何况，部落酋长手中拿的，还是指挥刀。

战争一触即发，战争也无法避免。

比方说，向蚩尤宣战，跟黄帝火并。

第五章

# 黄帝出场

血枫林中升起的，
是黄帝的战车。
他不得不在战争与和平之间，
作出艰难的选择。

## 黄帝不姓黄

黄帝出场时，很拉风。

传说中的这位华夏老祖宗，大约是在春秋晚期跟炎帝一起出现在典籍中的，《左传》和《国语》便炎黄并称。然而他俩的命运却有天壤之别。炎帝一路滑坡，每况愈下，到司马迁时便不知所云；黄帝则与时俱进，一路飙升，到战国时已宛若神明，后来更成为中医学和房中术的发明人。

韩非子描述了黄帝出行时的盛大场面——左右两边六条蛟龙，护卫着大象驾辕的专列；鹤身人面一条腿的神鸟毕方担任副驾驶，铜头铁额飞沙走石的神兽蚩尤担任清道夫；腾蛇在地面保驾，凤凰在天空护航；两骖如舞，龙凤呈祥，警车开道，风雨除尘，前呼后拥，大合鬼神。[1]

好一个人五人六的排场，难怪他叫黄帝了。

黄帝其实就是皇帝，也原本写成皇帝，但不是坐在未央宫或紫禁城欺世盗名的那些家伙。后来的秦皇汉武和唐宗宋祖之流，都不过无耻地盗用了这神圣的名义。

那么，什么是皇？什么是帝？

帝在卜辞中，原本指天神和上帝；皇在《诗经》中，则只是动词、形容词和感叹词。实际上，帝就是花蒂，也就是缔造者。皇则是辉煌，是一轮红日从地平线上冉冉升起。至于华和夏，前者就是花，后者就是林木繁茂之时。[2]

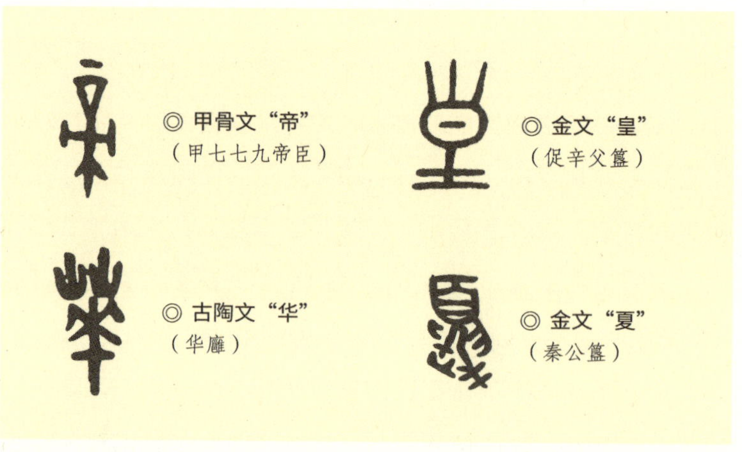
◎ 甲骨文“帝”（甲七七九帝臣）

◎ 金文“皇”（促辛父簋）

◎ 古陶文“华”（华廱）

◎ 金文“夏”（秦公簋）

因此，皇帝就是皇天上帝，或相当于皇天上帝。它的本义是：旭日东升般灿烂辉煌，花蒂一样创造了生命，朝气蓬勃有如鲜花盛开之民族的伟大缔造者。

这才是“皇帝”一词的本义。

想那时乾坤未定民智初开，缔造者一定很多，比如燧人氏燧皇，女娲氏娲皇，伏羲氏羲皇。他们也都后继有人。于是“皇帝”便只好四分五裂，一变而为三皇和五帝。

从此，皇帝的皇，就由动词、形容词和感叹词变成了名词，皇帝也由一个词变成了皇和帝两个词，直到秦始皇才重新合二为一，而且正是由三皇五帝合成的。

五帝也有时间和空间的两种。时间的是黄帝、颛顼（读如专须）、帝喾（读如酷）、尧、舜，先后五位。空间的则是东方青帝，西方白帝，南方赤帝，北方黑帝，中央黄帝。东西南北中，都有皇天上帝，也是五位。

空间的五帝半人半神。东方的叫太皞（读如浩），持圆规掌管春天，木神句芒为辅。南方是炎帝，持秤杆管夏，火神祝融为辅。西方是少昊（读如浩），持曲尺掌秋，金神蓐收为辅。北方是颛顼，持秤砣管冬，水神玄冥为辅。中央的就是黄帝，土神后土为辅，持绳掌管一切。[3]

白青黑赤黄，对应着金木水火土，看起来很好。

可惜远古的历史越是整齐，就越是可疑，以五行说五帝更不靠谱。事实上，这很可能是秦和汉的“颜色革命”。刘邦就说，秦始皇只祭祀白帝、青帝、黄帝和赤帝，黑帝的位置明摆着是给我留下的。这种鬼话，你也信？[4]

黄帝，其实并不姓黄。

◎ 五帝

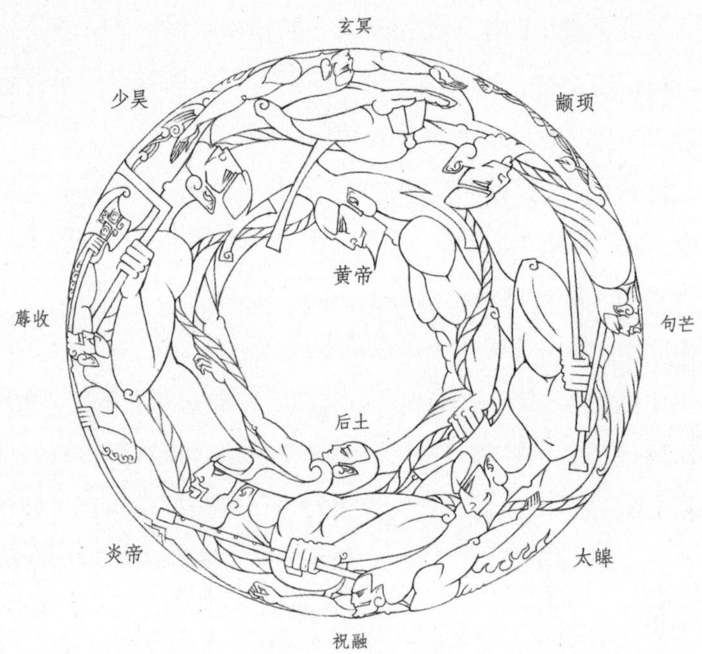


“五帝”的设计形成了完整的体系，这是想象中的五帝图，方佳翢绘。

然而黄帝确实是伟大的缔造者，也是伟大的发明家。他号称轩辕氏，就是证明。轩就是车，辕则是驾车用的直木或曲木。殷周时期独辕，汉代以后双辕。没有轩辕，或不是车的发明人，怎么能叫轩辕氏？

古人说，这是因为黄帝住在轩辕丘，位置则在今河南省新郑市西北。可惜这同样靠不住。想想就知道，如果不是先有轩辕，哪有地名叫轩辕丘？华盛顿叫华盛顿，是由于他住在华盛顿市吗？所以事情恐怕恰恰相反，轩辕丘是因黄帝而得名，正如现在许多城市都有的中山路。[5]

这就厥功甚伟。要知道，埃及人的马车是尼罗河文明开始一千多年后，才由希克索斯人（Hyksos）引进的；中美洲在 15 世纪末欧洲人入侵前，则既没有马也没有车。[6]

◎ 古代文明中车的遗迹

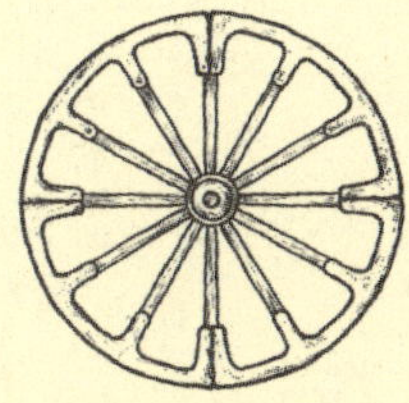

两河流域的辐条车轮，约公元前 2000 年，藏于伊朗国家博物馆。

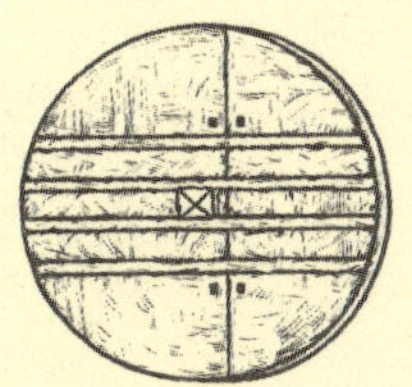

斯洛文尼亚卢布尔雅那沼泽出土的木制车轮，约前 3000 年，藏于卢布尔雅那市立博物馆。

那么，黄帝有可能发明车子吗？

难讲。

严格地说，只有出土文物才能回答这个问题，质疑也是合理的。不过，同样被质疑的古埃及纸草船和金字塔，已被挪威探险家海尔达尔和日本考古学家证明了建造的可能。可见古老民族的创造力，其实远远超出我们的想象。黄帝的龙骖象车，应该也不会是外星人的太空船。

因此，至少在华人眼里，他老人家有资格享受这样的排场：驾象车而六蛟龙，毕方并辖，蚩尤居前；风伯进扫，雨师洒道；虎狼在前，鬼神在后；腾蛇伏地，凤凰覆上。

嘿嘿，磁悬浮！

## 身世之谜

风光无限的黄帝，出身却是个谜。

相关的说法当然有。旭日东升般伟大的缔造者，岂能没有出身？就算瞎编，也得弄出一个。比如《国语》便说“少典娶有蟜（读如角）氏女，生黄帝、炎帝”。这个说法被司马迁采信，但略去了炎帝。是啊，炎帝实在说不清。何况炎黄相距五百年，天底下哪有这样的兄弟？[7]

其实，根本就犯不着凭空捏造什么爹娘。这种自作聪明的办法只能是制造麻烦，因为又多出个更加来历不明的少典和有蟜。谁是少典？有蟜又是谁？根本没人回答。也有人说少典其实是国名，这又哪里有谱？

靠得住的，也许是黄帝姓姬。

也许。

但，说黄帝姓姬是因为住在姬水，可就跟说他号称轩辕是因为住在轩辕丘，同样靠不住。高老庄的人姓高，李家村的人姓李，是因为住在高老庄和李家村吗？再说了，轩辕丘在今河南省新郑市，姬水在今陕西省武功县，够得着吗？

那么，因地得名的事，有，还是没有？

有。比如易，就得名于易水。司马，则得自官职。可惜诸如此类都是氏，不是姓。姓表示的是所生之族，氏才表示所居之地，或所任之职。当然，是世袭的。[8]

事实上，姓比氏早得多，甚至早于地名，氏则在地名和官名之后。也就是说，宝鸡市那条河叫姜水，武功县那条河叫姬水，很可能是因为炎帝姓姜，黄帝姓姬。

姓姬，又怎么样呢？

有点麻烦。

黄帝的姬，确实比炎帝的姜难以理解。姜和姬都是母姓，这没有问题。炎帝姓姜是因为妈妈姓姜，黄帝姓姬是因为妈妈姓姬，也没问题。炎帝的姜妈妈是牧羊女，更没问题，羌族就是西戎牧羊人嘛！黄帝姓姬却很奇怪，总不能由于姬与鸡同音，就说姬妈妈是牧鸡女，其族群是牧鸡族吧？[9]

当然不能。

实际上，姬的甲骨文字形，是一名女子跪坐席上，面对疑似篦子或梳妆台的东西，正在理顺头发，或佩戴饰物。[10]

◎ 甲骨文“姬”
（前一・三五・六）

这样的女孩子，能是什么人，又该是什么人？

漂亮妞呀！

没错！姬在后世的第一种用法就是美女。所谓淑姬、吴姬、仙姬，还有朝鲜的金姬和银姬，都是。

不过这样一来，麻烦就更大了。姓，可是表示“所生之族”的。羌族牧羊，当然姓姜。姓姬的又放牧什么呢？梳妆台吗？何况一个族群，怎么会把漂亮妞当作旗号？难道她们是靠天使脸蛋和魔鬼身材过日子的？

也有两种可能。

一种，是这个族群的女人太漂亮了，别人看了喜欢，自己也很得意，因此自称或被称为“美女族”。另一种可能，则是因为战败而沦为舞女或侍妾，甚至性奴。要知道，姬，可以是美姬，也可以是歌姬和宠姬。

事实上，卜辞中的姬与婢，往往通用或连用。比如“姬于妣辛”就是给妣辛做婢女，“姬婢二人”则是一姬一婢。[11]

◎ 卜辞摹写

其又姬于妣辛，据《甲骨文合集》27547d。

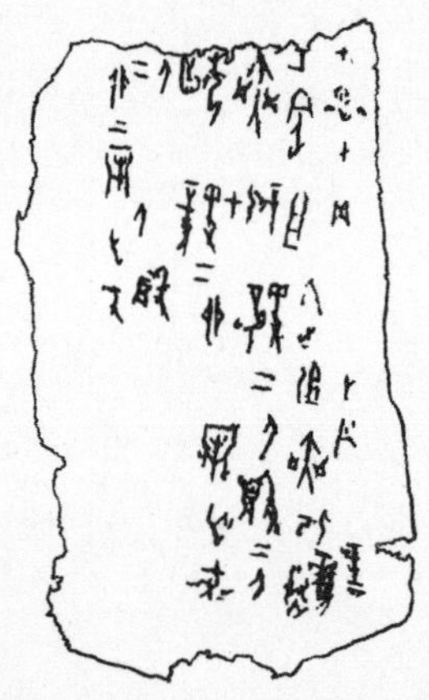

姬婢二人，据《甲骨文合集》35361。

那么，什么人会成为姬婢？

女性战俘。我们知道，原始时代的战争极其残酷，战俘的命运也非常悲惨。为了节省粮食，男的往往被杀死，女人则酌情留用。身壮有力的就做粗使丫头，为婢；美貌性感的就做舞女侍妾，为姬。黄帝的母亲，完全有可能作为战俘又因为美貌而被收房，成了少典族酋长的通房大丫头。

姬，到底是美女族，还是性奴族？

不知，也用不着确知。有些事情，如果注定无法弄清也不必弄清，那就不如让它永远是谜。我们只要知道后来都发生了什么，就好。

黄帝族崛起的前夜，何妨留下一片寂寞。

## 拐点

功成名就的黄帝，照例要改身份证。

这事非做不可。就算黄帝自己不做，别人也要帮他。因为只有更换旗号，才能告别过去，开创未来。

炎帝就这样做了，他的方式是变更图腾。

黄帝也有图腾吗？当然有，也应该有。生殖崇拜转变为图腾崇拜，是部落区别于氏族的紧要之处。只不过，黄帝或黄帝族的图腾是什么，却众说纷纭。

多数人认为是熊，因为黄帝号称有熊氏。有，是无意义的语助词，因此“有熊”就是熊。但也有人说是神龟，叫天黿（读如元），即轩辕。还有人说是龙或蛇，因为《山海经》称轩辕国民人面蛇身，何况姬通巳，巳就是蛇。此外，还有说是云、鸟、太阳、水土、星象、车辆的。[12]

当然，更有人主张根本就没有图腾。

这可真是一笔糊涂账。

学术界搅成一锅粥，是因为葫芦僧判断葫芦案，搞“泛图腾论”。比如说有蟜氏以蜜蜂为图腾，有巢氏以树木为图腾，燧人氏以石或火为图腾，南方各部落以蛇为图腾，东方各部落以鱼为图腾。但，燧人氏那会儿，哪有图腾？鱼是女性生殖崇拜的象征，又怎么会是图腾？

这样的图腾观念和研究，确实迹近信口开河。

黄帝族到底有没有图腾？如果有，又是什么？有兴趣的朋友们自然无妨继续讨论。它们或许有学术价值，但没有历史价值。或者说，不是有意义的历史。

什么是有意义的历史？变化、转折、进程、区别，以及拐点。比如有没有图腾，是部落与氏族的区别，却不是部落与部落的区别。部落是有图腾的，氏族就没有。所以，炎帝的图腾必须讨论，黄帝的则可存而不论，爱谁是谁。

那么，黄帝与炎帝，区别在哪里？

氏。

黄帝是正儿八经有氏的，还有好几个，比如轩辕氏和有熊氏，此外还有缙云氏、帝鸿氏、帝轩氏。炎帝却多半没有，除非他就是神农氏。可惜炎帝与神农的关系，笔墨官司打了两三千年也没弄清楚，岂能断定神农就是炎帝的氏？

何况就算炎帝是神农，也不等于他有氏。因为神农氏的氏字，很可能是后加的，就像燧人氏、女娲氏、伏羲氏。燧人、女娲、伏羲那会儿，有氏吗？没有。

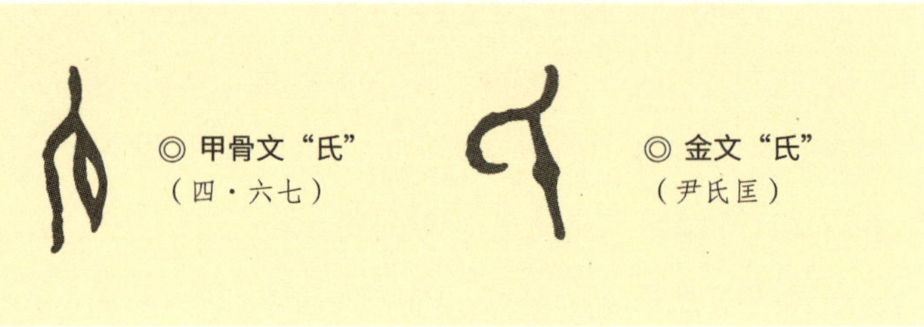

◎ 甲骨文“氏”（四·六七）

◎ 金文“氏”（尹氏匜）

实际上，氏的本义是根本。那卷曲的一笔象征着树木的老根，分出的一笔为支叶。这个根，就是男根。因此，除了表示母系血缘的姓以外还要有氏，就说明历史已经进入男权社会的时代，而且人丁兴旺，分家的事日趋频繁。[13]

家分多了，当然得重新命名。

伏羲和炎帝没有氏，原因正在这里。没错，只有当分支越来越多，单靠生殖崇拜象征物和图腾，已不足以实现族群区别和身份认同的时候，氏才会被发明出来。

所以，氏，没准也是黄帝的创造。而且，这个创造还是划时代的。它的意义比发明车子、衣服、历法、算学、中医和房中术，恐怕都要重大得多。

事实上，氏是破解黄帝之谜的第二个关键词，也是历史的拐点。因为姓与氏有三大区别，这就是：

一、姓属母系，氏归父系；

二、姓为先有，氏则后来；

三、姓别婚姻，氏别贵贱。

三大区别，第三条最重要。

实际上，所谓“姓别婚姻”，就是说同一母系的兄弟姐妹不能有性关系，叫“同姓不婚”。这当然是母系时代的观念。相反，氏别贵贱，则不但意味着以父系计算血缘，还意味着以父系区别地位。父系制度完全确立，阶级观念初步萌生，这当然比有姓无氏的炎帝族，更成熟也更高级。

于是黄帝理所当然地成了江湖老大。

当了老大，就得有老大的样子。确定自己的氏，是部落时代后期黄帝或黄帝族浓墨重彩的一笔。

## 用什么摆平江湖

黄帝的氏，最重要是有熊和轩辕。

有熊重要不奇怪，因为可能是图腾，就像炎帝的牛。代表车子的轩辕，又有什么要紧呢？

有熊是标志，轩辕是实力。

实力是决定性的。那会儿毕竟还是石器时代，任何一项科学技术的发明都有可能改变历史，更有可能改变族群的地位和命运，何况是车？车，无论是马车还是牛车，哪怕只是人力车，都是了不起的发明。它不但是生产工具和交通工具，还能成为战斗武器，春秋时期的战争就是车战。因此，如果黄帝当真发明了车，那他就会拥有天下最大的兵工厂。他的武装力量，也会是所向无敌的坦克部队。

这可比说什么都管用。

事实上，尽管无法肯定黄帝族有车，但他们在当时应该技术最先进，生产力最发达，综合实力最强。于是五湖四海的大小部落和氏族纷纷刮目相看，或者示好，或者结盟，或者投靠，正所谓“诸侯咸来宾从”。宾，就是归顺；从，就是服从；所谓诸侯，则是黄帝以外的各类族群。[14]

结果，是出现了“独立部落联合体”。

独联体的总舵主，是黄帝。

黄帝时代的独联体，比炎帝时代的部落大，比尧舜时代的联盟小，规模和性质则处于二者之间。如何处理关系，怎样摆平江湖，当然是个问题。何况到了后期，包产到户的小族群，慕名前来的新成员，都已经很多。这就得像梁山泊英雄排座次，也弄出三十六天罡，七十二地煞来。

这并不容易。因为与黄帝联合的，都是一些如狼似虎的家伙，他们的图腾也一望可知不是什么善类，包括：

罴，读如皮，棕熊，也叫马熊、人熊。

貔，读如皮，传说中的猛兽，像虎或者像熊。

貅，读如休，传说中的猛兽，类似于貔。

貙，读如初，类似于狸的大型猛兽。

虎。

这里面，有菩提树、百合花吗？

没有。

◎ 图腾

上排依次是熊、罴、貔，下排是貅、貙、虎。方佳翢绘。

考验政治智慧的时候到了。

那么，黄帝的手段又是什么？

氏与轩冕。

前面说过，姓别婚姻，氏别贵贱。别婚姻的办法是同姓不婚，别贵贱则靠轩冕有别。轩冕就是轩车和冠冕，这当然都是权贵们才能享用的东西。因此别轩冕，就是管理社会靠待遇。坐什么车，驾什么船，或者只能步行，有一定之规；穿什么衣，戴什么帽，或者只能光膀子，也有一定之规。而且，是什么氏，就用什么样的轩冕。

很清楚：轩冕是显贵的 Pass，正如图腾是部落的 Logo。

何况做起来也不难。因为独联体的各分舵，原本就有自己的图腾。图腾不同，轩冕当然有异。现在，只要按照加盟部落各自的实力，分个三六九等，排个上下高低，再对轩冕规定一下尊卑贵贱，便大功告成。这简直就是顺水推舟，而且是更重大的发明。

事实上，有了这样一整套游戏规则，许多事情就有话好商量，不必动辄出手。而且，只要认同轩冕的安排，便都是“自己人”，是“黄帝族”，不用管原来是哪个族群。

这叫什么呢？

以利益均沾的合理分配赢得和平共处，用尊卑有序的文化符号实现身份认同。

或者说：以文化论族类，以待遇换和平。

这在历史上，就叫“垂衣裳而天下治”。[15]

我们不知道，黄帝怎么会想出这个办法，莫非与性格有关？古人说，炎帝火德，黄帝土德，看来有点道理。以牛为图腾的炎帝族可能比较暴烈，黄帝则比较厚道。厚道人有厚道人的想法，也有厚道人的办法。厚道至极，便是智慧。

因此，正如我们将在第三卷《奠基者》中讲到的，同样比较厚道的周人便全盘继承了这些智慧，创造了井田、宗法、封建和礼乐四大制度。难怪周人坚持说自己是黄帝之后，而且姓姬了。看来，他们也确实一脉相承。

历史的背后，常常会有某些微妙之处。

可惜树欲静而风不止。就在黄帝踌躇满志的时候，一个强劲的敌人来到了他的面前。这个敌人是那样地英勇善战和百折不挠，根本就不理睬什么轩冕那一套。

黄帝不得不在战争与和平之间，做出艰难的选择。

这个劲敌就是蚩尤。

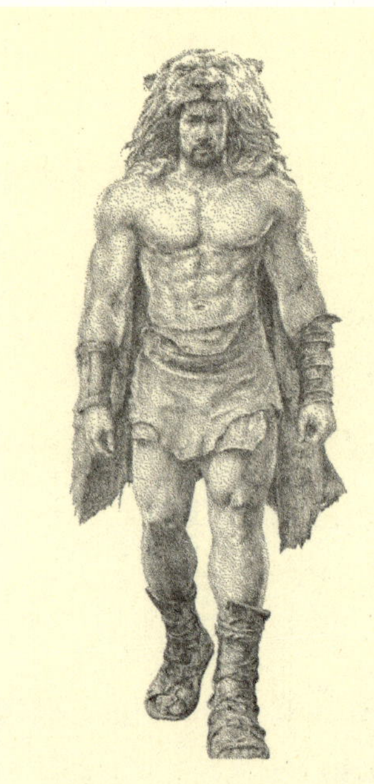

◎ **蚩尤**

蚩尤形象想象图，方佳翮绘。

## 战神蚩尤

蚩尤最后还是战败了。

战败的蚩尤，得到了胜利者的最高礼遇和尊重。他被奉为战神，号称“兵主”，在后来的封禅大典中，是继“天主”和“地主”之后第三个被祭祀的神。他的形象被画在了胜利者的军旗上，让黄帝麾下的将士备受鼓舞士气高涨，令其他那些反政府武装力量闻风丧胆，知难而退，不战而降。[16]

这是怎样的对手！

这是怎样的敌人！

让黄帝畏惧并敬重的蚩尤是九黎族部落的总酋长，九黎则可能是九个部落的联合体。每个部落，又各有九个兄弟氏族，因此号称八十一兄弟。这样看，他们应该叫九黎族，不该叫蚩尤族。因为蚩和尤，都不是什么好词。[17]

那么，蚩尤的意思是什么？

不妨从文字学的角度来看它的本义。蚩，从虫。虫就是它，它就是蛇。虫字上面那部分是止，即脚指头。所以蚩就是"蛇咬脚"。尤则是错咎、灾难、罪过，比如"以儆效尤"；又引申为怨恨、归咎、责怪，比如"怨天尤人"。[18]

很清楚，蚩尤就是蛇灾。

九黎，为什么会叫这个名字呢？也许意思是"蛇灾地区的人"。这就正如意大利那位本名莱昂纳多（Leonardo）的伟大艺术家，由于来自芬奇而被称为达·芬奇（Da Vinci）。

当然，蚩尤也可能是敌人对九黎的称呼。

◎ **甲骨文"虫"**
（铁四六·二）

◎ **金文"虫"**
（虫舀鼎）

从以上两个字形看，很明显就是蛇。

---

◎ **甲骨文"止"**
（甲一四四〇）
孙治让先生认为是"象足跡而有三指"。

◎ **古陶文"止"**
（1·5独字）
更明显地就是脚指头。

事实上，尤，有突出特异的意思，比如尤物。陈独秀就说，尤物、狐媚、虎威，是同一类型。女人媚得像狐狸，就叫狐媚；男人凶得像老虎，就叫虎威。按照这个逻辑，我们可以推论，一个部落如果恐怖得有如蛇灾，那就叫蚩尤。这就好比某女叫狐狸精，绝不可能是她的本名。[19]

九黎被叫做蚩尤，大约也是因为既异类，又可怕。

的确，在传世的所有典籍中，蚩尤和他的弟兄们都是让人望而生畏的。他们兽身人言，吞沙食石，铜头铁额，刀枪不入，十八般武艺样样精通，还能呼风唤雨，腾云驾雾。遇到这样的劲敌，谁不胆战心惊？[20]

直到胜利之后，炎黄还心有余悸，又敬又畏。

想那时黄帝一定十分头疼。战，输赢难定且不说，就算赢了也有悖于自己的原则或标榜，胜之不武。

不战？嘿嘿，由不得你。

何况中原大地上，还有个“老牌帝国主义者”炎帝。他们经营了很久，并不甘心退出历史舞台。打个比方，黄帝好比二战时的美国，炎帝好比英国，蚩尤好比德国。只不过，蚩尤并不是法西斯，三家的诉求倒是一样。

显然，礼让是不行的，也是没用的。

管用的只有刀枪。

炎、黄、蚩尤之间，必有一战。

这是远古时期的“三国演义”，起因和过程却是一笔狗肉账。说法之一，是黄帝先与炎帝战于阪泉，然后才与蚩尤战于涿鹿。之二，是蚩尤先侵犯炎帝，炎帝求救于黄帝，二帝组成联军。之三，是蚩尤挑战黄帝，黄帝应战。之四，是炎黄共灭蚩尤后，又在阪泉三次大战，再决雌雄。[21]

四种说法，孰是孰非，不得而知。

战争的惨烈却毋庸置疑，交战双方都使用了大规模杀伤性武器和非常规手段。据说，蚩尤请来风伯雨师大作风雨，黄帝则请出天女旱魃抗洪救灾；蚩尤布下漫天大雾，黄帝则发明指南车突出重围。还据说，黄帝能够取胜，乃因九天玄女密授兵信神符。总之，巫术、科学、神话故事一个个轮番上阵，无所不用其极，只差细菌战和原子弹。[22]

想当时一定天昏地暗，尸横遍野，血流成河，就连天神地祇也要为之动容。难怪蚩尤死后，身上的木枷要化作枫林。每到秋天，便是漫山遍野的红，如火，如焰。[23]

那是血染的枫林。

血枫林。

## 风展龙旗如画

血枫林中升起的，是黄帝的战车。

战车在天地之间傲然巡航，下有腾蛇，上有凤凰；后有鬼神，前有虎狼；驾辕的是大象，拉套的是蛟龙，护驾的是毕方；而开着警车在前面清道的，竟是蚩尤。

蚩尤不是死了吗？怎么又成了黄帝的马前卒？

这不奇怪。在远古，族长与氏族，酋长与部落，都是同名的。比如伏羲族的氏族长都叫伏羲，炎黄两族的酋长都叫炎黄，就像秦汉以后的天子都叫皇帝。秦始皇就说，自己是始皇帝，后面的叫二世、三世，直至万世。只不过，秦王朝二世而亡，汉代以后的皇帝也不再叫什么二世三世。他们在位时叫皇帝，驾崩后给个谥号（比如文帝、武帝），再给个庙号（比如太祖、太宗），这才区别开来。

可惜远古没这规矩。伏羲和炎黄，并不叫伏羲一世、伏羲二世、伏羲三世等等，也没有庙号和谥号。再说我们也不清楚，九黎族酋长的本名是什么，总不能叫“黎叔”吧？

也只好还叫蚩尤。

蚩尤也是有一世、二世、三世的。与黄帝作战的，可能是其中某世。总之兵败被杀的是前任，警车开道的则是继任。据说，他还担任了黄帝的总参谋长，为黄帝南征北战。[24]

至于其他余部，有的被黄帝收编，有的退回南方。直到西周，他们还被称为黎民。[25]

黎民也是先祖，绝不能以成败论英雄。

因此，华夏民族的始祖应该是三个代表：炎帝、黄帝和蚩尤，我们是炎黄和九黎的共同子孙。

把他们统一起来的，是黄帝。

事实上，黄帝成为华夏民族最重要的始祖，就因为他能不计前嫌，兼收并蓄，搞统一战线。正是他，把普天之下的牛鬼蛇神都联合起来，形成了起先称为夏族，后来称为华族，再后来称为华夏之民族的胚胎。虽然这时，黄帝族还不能叫夏族，甚至不能叫民族，只能叫部族，或部族的雏形。

黄帝的战车上，一定飘扬着龙旗。

似乎并无必要弄清，龙究竟是不是黄帝族的图腾。没错，有熊氏怎么也扯不到龙身上去，九黎族的图腾反倒可能是龙蛇，因为蚩尤的本义是蛇灾。如果黄帝竟能以战败者的图腾为新复合图腾的主体，那度量也真是大得惊人。

其实，就连龙是不是华夏民族的图腾，甚至是不是图腾，都没有必要较真。的确，龙的形象早已出现，比如五花八门的鱼龙、蟠龙、鸟首龙、鳄鱼龙、鹿首鱼尾龙、猪首牛角龙。如此之多的龙纷纷出土，不会没有原因。[26]

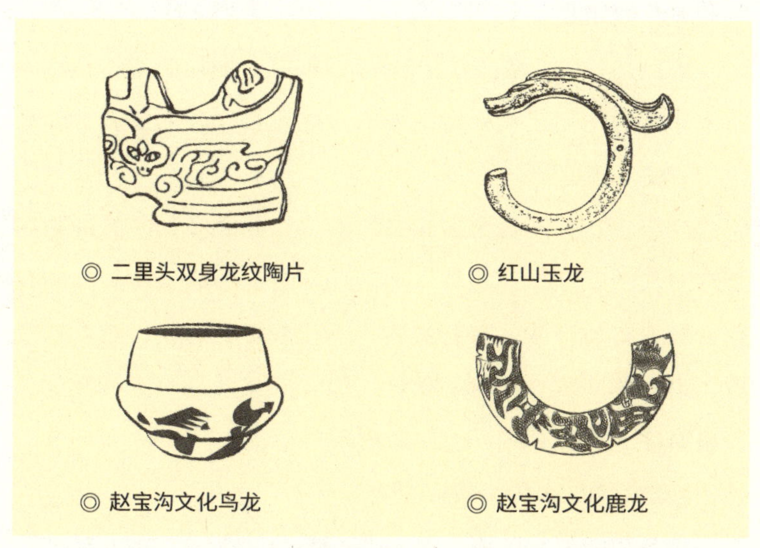

◎ 二里头双身龙纹陶片

◎ 红山玉龙

◎ 赵宝沟文化鸟龙

◎ 赵宝沟文化鹿龙

但，彼龙未必是此龙。何况就算是，你也无法证明黄帝就一定不会古为今用，再借壳上市。比方说，蛇就原本只是生殖崇拜的象征，后来不也变成了图腾？因此，黄帝完全可能利用已有的龙或蚩尤的蛇，再造一条新龙。

我们相信，他有这种智慧。

更何况，一个民族总是需要凝聚力的。这就要有一个核心，一个仪式，一个象征，一个可以在它上面寄托感情的对象。国旗、国徽、国歌的作用，以及长江、长城、黄山、黄河的意义，就在于此。它们当然不是人类学意义上的图腾，却可以看作政治学和社会学的“广义图腾”，即象征物。

龙，也如此。

因此，无妨“祭如在，祭神如神在”。换句话说，既然大多数华人都把自己看作龙的传人，把龙看作族的图腾，那又何不“权当他是”?

实际上，关于黄帝族图腾的说法如此之多，恰恰证明在黄帝时代的后期，已经有一个多部落的松散联合体。其中有炎帝族，有黄帝族，有九黎族，还有东方的夷族、西方的戎族、南方的蛮族、北方的狄族。他们的关系是若即若离的，有来有往，有战有和，也有通商和通婚。

部落联盟的时代，即将到来。

而且也有三个代表：尧、舜、禹。

第六章

# 尧舜下课

滔天洪水中，
中国历史第一个政权勃然崛起。
脉脉温情的禅让制背后，
是杀机暗藏的惊天大案。

## 真有尧舜吗

提起尧舜，许多人就两眼放光。

尧舜是中国历史上备受推崇的圣人和圣王。在不少人的心目中，最好的时代叫“尧舜之世”，最好的帝王叫“尧舜之君”，最高的理想叫“人皆可为尧舜”。就连不信三皇五帝的毛泽东，也说“六亿神州尽舜尧”。

显然，这是世俗的上帝，道德的上帝，政治的上帝，也是统治阶级及其吹鼓手塑造的上帝。

这样的上帝，从来就很可疑。[1]

尧舜也一样。

实际上，他俩来历不明，形迹待考，身份不清。作为五帝的最后两位，尧舜是人？是神？半人半神？氏族部落？没人知道。但按照司马迁的描述，似乎是人。

那就可疑。是啊，前三皇，女娲是蛙，伏羲是蛇，炎帝是牛；后五帝，黄帝可能是熊，或龟，颛顼半人半鱼，帝喾鸟头猴身。就连尧的司法部长皋陶（读如高姚），也是鸟嘴或马嘴；文化部长夔（读如魁），则是独脚神牛。这些都是牛鬼蛇神，或半人半兽，怎么一到尧舜就一片人间烟火？[2]

何况尧舜之后或同时，还有鲧（读如滚）和禹。鲧，其实是鱼；禹，则可能是虫，或蛇，甚至龙。[3]

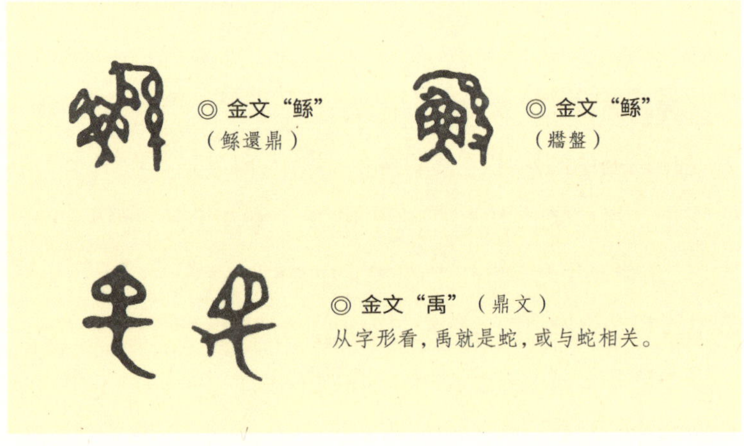

◎ 金文“鲧”（鲧還鼎）

◎ 金文“鲧”（鬻盤）

◎ 金文“禹”（鼎文）
从字形看，禹就是蛇，或与蛇相关。

哈！前则百兽率舞，中则马牛同台，后则鱼龙并出，唯独夹在当中的尧和舜纯然是人，岂非咄咄怪事？而且，舜叫“姚重华”，尧的叫“姬放勋”，像远古时代的人名吗？还有人说尧的名字叫“伊祁放勋”。呵呵，怎么看着像日本人呀？[4]

好嘛，就连名字，都像是编出来的。

事实上，孔子之前，根本就没人提到过尧舜。在最古老也最可靠的典籍《诗经》中，他俩连影子都没有。《尚书》虽然也古老，然而《尧典》和《舜典》却是赝品。真正开始说尧舜的，是《论语》、《墨子》和《孟子》。

这就很不合情理。

按照后世儒家包括司马迁的说法，夏商周三代的始祖都曾是尧舜的臣属。夏的始祖禹是舜的接班人，商的始祖契（读如谢）是尧的民政部长，周的始祖弃（后稷）是尧的农业部长。尧和舜，是夏商周三代的始祖的“老领导”。

换句话说，没有尧舜禹，就没有夏商周。

然而《诗经》当中，周人的作品《大雅》，鲁人的作品《鲁颂》，殷人或殷人后代宋人的作品《商颂》，却全都只歌颂大禹，不歌颂尧舜。难道殷、宋、周、鲁之人，都把老祖宗忘了？而且这两位老祖宗，从夏到商再到西周东周，一直都无人问津，到春秋战国却大放异彩，难道是“出土文物”？

很有可能。

的确，尧和舜，如果完全子虚乌有，孔子就不会一讲再讲；如果当真功勋盖世，《诗经》就不会只字不提。因此事实也许是：尧舜曾经存在，但既没那么神，也没那么圣，根本不是后人说的那个样子。而且，因为并不伟大，所以《诗经》置若罔闻；由于毕竟存在，因此后人可以大做文章。

◎ 出土文物中的“尧”

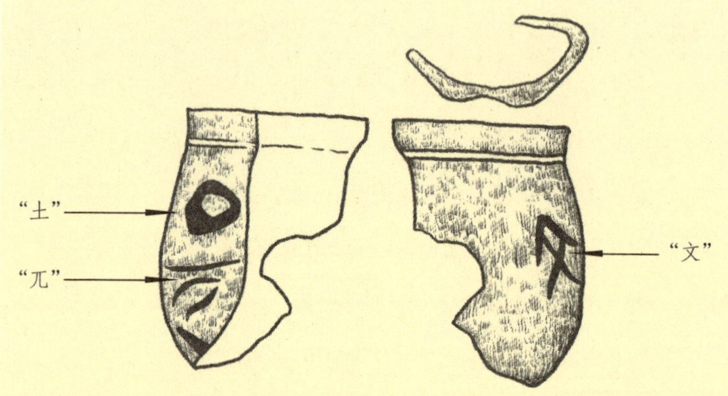


这是出土于陶寺遗址的扁壶，壶身有两个被认为是文字的标记。画面右侧符号释为“文”，意见较统一。关于左侧符号，有学者认为由“土”和“兀”两部分构成，合而为“尧”，“文尧”为“尊贵的祖先尧”之义。这种观点视此为尧存在的实物证据。据官本一夫《从神话到历史：神话时代、夏王朝》。

大做文章的原因，是春秋战国之际礼坏乐崩，世风日下，人心不古。孔子他们要打鬼，必须借助钟馗；要推销自己的政治主张和政治理想，也只能战战兢兢地请出亡灵，托古改制，借尸还魂，哪怕那亡灵其实并不神圣。

但既然是亡灵，就可以重新梳妆打扮。因此尧和舜，弄不好就是他们从某个并不起眼的故纸堆里挖掘出来，再按照道德楷模的标准，包装上市的“创业板”。

可惜榜样的力量从来就很有限，造出来的也总归不是真家伙。我们读尧舜的传记，实在看不出他俩的伟大之处，只知道尧是很简朴的，舜是很孝悌的。尧过的日子，连门房都不如；舜的父亲和弟弟一再陷害谋杀他，他却以德报怨。一个老劳模，一个受气包，怎么就成了神圣？[5]

相反的故事倒是印象深刻。有个名叫壤父的八十岁老顽童就不客气地说：我日出而作，日入而息，凿井而饮，耕田而食，尧帝对我有何功德？[6]

假作真时真亦假。尧和舜，到底有还是没有？

# 部落大联盟

尧舜可以有，也应该有，但要重新解释。

为什么应该有？因为时代需要标志，需要象征，需要代表。部落的代表是炎黄，国家的代表是夏启。二者之间，部落联盟的时代谁来领衔？只能是尧舜。既然如此，何妨不论真假，权当他们是符号，是代码？

但，该说明的还得说明。一、黄帝、颛顼、帝喾、尧，无血缘关系，更不是祖孙父子；二、尧和舜，并非道德高标，只是曾经的存在；三、他俩也不是什么天子。天子的概念要到西周才有，目的则是解释政权的合法性。尧舜时代尚无君主，也没有国家和天下的概念，哪来的天子？

不是天子，又是什么？

部落联盟的 CEO。

联盟从黄帝时代就开始了，之前则是战争，包括炎帝与黄帝的阪泉之战，黄帝与蚩尤的涿鹿之战。这是当时的“第一次世界大战”。是的，在那时人们的心目中，中华大地就是全世界。远在天边的埃及、苏美尔、哈拉巴、克里特和奥尔梅克等古代文明，并不在我们视野中。

战争的结果是联盟，联盟的结果是产生了部族。部族是从氏族到民族的过渡阶段和中间环节。尧舜之世，就是部族的时代。之后，才变成民族，也就是以禹为始祖的夏族。《诗经》歌颂禹，并非没有道理，没有原因。

但，作为部族时代的标志，尧舜的意义同样重大。

意义重大的尧和舜，是部落联盟的领袖。而且那时的情况，很可能真如郭沫若和翦伯赞先生所说，是实行“二头政长”或“二头军务”的配置，双执政制。[7]

双执政，就是CEO（首席执行官）加COO（首席运营官）。开始，尧是首席执行官，舜是首席运营官；后来，舜是首席执行官，禹是首席运营官；再后来，禹是首席执行官，益是首席运营官。直到夏启的时代，这个制度才终结。

首席执行官和首席运营官，不一定有血缘关系。尧舜禹就没有。联盟的CEO和COO，也都是选出来的，选举权则首先在“四岳”。舜和禹能够担任首席运营官，就得自他们的举荐；后来成为首席执行官，也由于他们的支持。

四岳是谁？《史记》没说。就连四岳是一个人，还是四个人，还是许多人，也不清楚。《国语》说是共工的四个从孙，但这是靠不住的。可能的情况是：当时大联盟下面还有小联盟。四岳，就是小联盟的CEO或COO。[8]

除了四岳，还有“十二牧”。

十二牧，也就是各个大部落的酋长。这些大部落分散在各地，酋长们当然也分散在各地。联盟有重大事务，才到总部来开会。平时驻会的应该是代表，也叫十二牧。

然后就是“百姓”。

百姓不是小民，是氏族长。这些氏族都来自母系，因此都有“姓”；数量则很多，因此叫“百姓”。当然，百姓并不一定就是一百个。正如四岳和十二牧，不一定就是四个和十二个。四、十二、百，只是表明小联盟的数量最少，部落多一点，氏族则数量最多。

所以远古的百姓（氏族长），其实地位很高，他们后来又叫百官和百工。真正地位低的，叫黎民，即战败者。黎民和百姓合为一词是很晚的事，此刻的情况却很清楚：

百姓：氏族。

十二牧：部落。

四岳：小部落联盟。

尧舜：部落大联盟。

这就是尧舜的时代，是从野蛮走向文明的前夜。夏娃时代弱小分散的点（原始群），在女娲和伏羲的时代变成了面（氏族），在炎帝和黄帝的时代连成了片（部落），现在又变成了圈（部落联盟）。它是生存圈，也是文化圈。大圈子下面是小圈子，即个位数的小联盟，然后是数以十计的片（部落）和数以百计的面（氏族）。大联盟实行双首长制，首席执行官（CEO）地位略高，算是老大，或一把手。

那么，谁是老大？谁该当老大，谁又能当老大？

## 禅让还是夺权

老大的事，让人纠结。

传统社会是很在意这个问题的。因为长时间的中央集权告诉我们，二把手跟一把手，差的可不是一星半点；秦汉以后的改朝换代，则不是巧取（宫廷政变），便是豪夺（武装斗争）。No.1 或者 alpha 的地位，也可以让给别人吗？

据说可以，尧舜禹就是，叫禅让。

这里的禅读如善，不读馋。读如馋的禅，是佛教中静虑即梵文 Dhyāna 的音译，比方说禅定和禅宗。读如善的禅则有两个意思：一是祭祀，如封禅；二是替代，如禅让。

所以蜀汉刘禅刘阿斗，名字要读如刘善。因为那时禅宗尚未兴起，刘备也不信佛，反倒有个养子叫刘封，合起来正是“封禅”的意思。同样，禅让，也不能读如馋让。

禅让是许多古人津津乐道的话题。他们坚信，在世袭的君主制之前，曾经存在非世袭的禅让制。老迈年高的一把手按照任人唯贤的原则挑选接班人，然后让出职位。没有尔虞我诈的宫廷政变，也没有刀光剑影的流血斗争，如此这般的最高权力和平交接，实在令人向往。

问题在于，为什么后来没了呢？

主流的意见是人心不古。

但，人心为什么不古，又怎么会不古？难道远古跟后世人性是不同的？人就是人。远古是，现在也是。人性，本善就善，本恶就恶。本善，禅让制就不会被废除；本恶，禅让制就不可能存在。你说哪个是事实？

于是质疑纷起。

质疑禅让制的，古有韩非子、刘知己；后有康有为、顾颉刚。韩非子就称“舜逼尧，禹逼舜”，《竹书纪年》则称尧被舜软禁在平阳；康有为说禅让是战国儒家的托古改制，顾颉刚则说是儒墨两家不约而同的伪造。韩非子甚至不无讥讽地说：儒也说尧舜，墨也说尧舜，两家都说如假包换，尧舜又不能起死回生，请问谁来鉴别儒墨的真伪？[9]

嘿嘿，一个尧舜，各自表述。弄不好，都是人造。

那么，舜接班，禹继位，禅让还是夺权？

禅让。

但也要重新解释。

实际上，部落联盟的CEO，跟后世的帝王并不能同日而语。他的待遇没那么高，权力也没那么大，艰苦朴素更未必是道德高尚，多半是生活水平有限，想摆谱也摆不起。

禅让也一样。它既不是儒家标榜的礼让，也不是墨家鼓吹的尚贤，更不是道家主张的无为，而是规矩如此，习惯如此。部落联盟的首席执行官，最早不过会议的召集人，或者会议的主持人，有什么好争的?

就连总部的其他公职人员，比如民政部长契，农业部长弃，司法部长皋陶，文化部长夔，手工业部长羲均（又名倕），还有神枪手羿，也都是尽义务。这种风气或制度直到周代还有，比如诸侯各国的大夫都有领地，都是家君，在自己的地盘上都是老大，但也都为邦国服务，同样是尽义务。

事实上联盟的部门负责人，也都是本部落的酋长，甚至小联盟的首席执行官。比如弃，就叫后稷。夔和羿，则叫后夔和后羿。后，不是前后之后（後）的简体字。它原本就写作“后”，但不是后妃，是头儿、老大、一把手的意思。[10]

联盟的部长或内阁成员既然都是“后”，当然有很大的发言权，甚至决策权。比如抗洪总指挥的人选，尧其实并不赞成鲧，但是四岳坚持，他也只好同意。首席执行官并没有一票否决权，尽管尧可能是错的，也可能是对的。[11]

相反，如果“岳牧咸荐”，事情就比较有谱。

显然，这里面没有道德的因素，也不能理解为“民主集中制”。尧成为部落联盟的一把手，只因为当时尧部落的实力最强。舜和禹也一样，后来居上而已。四岳、十二牧有发言权，则因为他们的实力不容小看。既然谁都吃不掉谁，又要在一起共谋发展，那么，民主共和，有事好商量，无疑是最聪明的选择。

因此，历史的尧舜是存在的，道德的尧舜是人造的。什么德才兼备、高风亮节、温良恭俭让，通通都是扯淡！

禅让，是不得不让。

## 杀机暗藏

不得不让，也可理解为：能不让就不让，最好不让。

但这同样只能靠实力说话，对于那些茁壮成长的后起之秀便不得不防。因此，如果某个小弟发展势头好，大佬们就会联合起来，找个茬把他掐死。

尧就干过这种事，而且帮凶就是舜。

被尧舜剿灭的，是所谓“四凶”：浑沌、穷奇、梼杌（读如涛误）、饕餮（饕读如涛，餮读如铁去声）。这大约是四个既冒尖又不听话的部落。由于舜的出手，他们被彻底干掉或驱逐出境。其中，据说还有黄帝和颛顼的后代。[12]

老实巴交的舜，其实心狠手辣。

被尧舜做掉的，还有共工、驩兜（驩读如欢）、三苗和鲧，谓之“四罪”。当然，司马迁的话说得客气而委婉。他说，流共工于幽陵，是为了“变北狄”；放驩兜于崇山，是为了“变南蛮”；迁三苗于三危，是为了“变西戎”；殛（读如及）鲧于羽山，是为了“变东夷”。似乎舜下的这些毒手都不过“和平演变”，甚至是为了别人和大家好。

但一个“殛”字，还是露了馅，穿了帮。

剿灭也就剿灭了，过分的是还要妄加罪名。什么“不可教训”云云，简直就是“欲加之罪，何患无辞”。这无非是为了表示发动战争的正义性，以便让尧舜高居道德的圣坛。

然而世界上正义的战争只有一种，就是反侵略。蚩尤有可能是侵略了黄帝族的。四凶或四罪，侵略了尧舜吗？

没有。

杀人不过头点地。谋财害命还要课以大罪名，不带这么欺负人的。反倒是《左传》说得明白：剿灭四凶的结果，是“尧崩而天下如一，同心戴舜以为天子”。

这才是一语道破天机。

尧舜的时代，风不平，浪不静，杀机暗藏。

现在想来，共工、驩兜、三苗、鲧，还有浑沌、穷奇、梼杌、饕餮，一定死不瞑目。战败的蚩尤成为战神，受到胜利者的最大尊重，他们却只能被钉在耻辱柱上遗臭万年。尧舜的为人和度量，比黄帝差得远。

一肚子冤屈的，应该还有羿。

跟尧舜一样，羿也来历不明形迹可疑。他是天神，还是超人？是部落联盟时期的，还是夏代的？叫后羿，还是该叫大羿？众说纷纭，莫衷一是，纠缠不清。[13]

可以确定的，只有射日。

那时，天边血红的云彩里，有十个光芒四射的太阳，如同流动的金球，裹挟着荒古的熔岩上下翻腾。滚滚热浪横扫之处，河流失去生命，植物停止呼吸，人类陷于绝望，凶禽猛兽和妖魔鬼怪反倒纷纷出笼，肆无忌惮地为非作歹。

也就在这时，羿救星般地出现了。

羿应该是天帝派来帮助尧的，装束也帅气之极：火红色的弓，雪白色的箭，也许还有虎皮坎肩和鹿皮靴子。我们的英雄就这样站在那一片焦土之上，弯弓搭箭，九个太阳便应声落地。散落在天地之间的，是太阳神鸟金色的羽毛；响起在耳边的，是万众的欢呼，包括美丽的嫦娥。[14]

然而后羿的结局却窝囊透了。首先是天神帝俊怨恨他射死了自己的太阳儿子，将他革除神籍；然后是徒弟逢蒙恩将仇报，暗下毒手；最后是嫦娥偷吃仙药，奔向月宫。天帝翻脸，徒儿反目，老婆叛逃。曾经的英雄只能穷愁潦倒，不知所终。这可真是“赔了夫人又折兵”。[15]

事情怎么会是这样？

因为此案原本可疑。

前面说过，男性的太阳是羲和妈妈所生，十个；女性的月亮是常羲妈妈所产，十二个。它们由不同的女神生出并不奇怪，因为太阳和月亮原本属于不同的文化系统。就连将羲和与常羲说成是帝俊的妻子都可以理解。毕竟，用文字记载这些神话的都是男人，岂能不为女神安排丈夫？[16]

月亮有十二个也不奇怪，因为一年十二个月，而且月份的变化是看得见的。十个太阳却没有过硬的道理，原本应该轮流上岗的它们一齐出现就更没道理。我们甚至怀疑，十个太阳和十日并出，就是为后羿射日做铺垫的。要知道，月亮的个数更多，却没谁认为那十一个多余。常羲妈妈的十二个女儿则既没有破坏规矩，后来也都安然无恙。

那么，后羿为什么要射日？

这事如果发生在古希腊，也许会被解释为一个爱情与嫉妒的故事：嫦娥奔月其实因为偷情。太阳神后羿射杀的，则实际上是他的情敌——多余的太阳。

然而在中国，就完全是另一回事。

# 死里逃生

十日并出，其实是尧的焦虑。

焦虑也是必然的。不听话、不买账、闹别扭的部落实在太多，还不好对付。比如浑沌，是个装疯卖傻的。有人说他就是驩兜，那可是一个人面鸟嘴还有翅膀的怪物。共工则是水神，是火神祝融的儿子，曾经与颛顼争帝，还一头撞断了擎天柱不周山。共工和驩兜又都是联盟的内阁成员。他俩造反已足够尧喝一壶的，何况还有三苗、穷奇、梼杌和饕餮。[17]

这可真是按下葫芦起来瓢。

招安多半没用。那时还不是帝制时代，没谁能够一统天下，也没谁能君临天下。拳头硬的，都可以争当老大。对付异己的唯一办法，是剿。大部落和小联盟，亲自出手。小部落和小氏族，就派小弟去做掉。当然，手脚要干净。

号称有穷氏的羿，恐怕就是这样的马仔。被他射下的九个太阳，则很可能是九个或多个小部落。这些部落可能崇拜太阳神，也可能不崇拜。把他们说成太阳或太阳部落，或许另有原因。但他们威胁到尧的江湖地位，则可以肯定。

总之，在剪除异己的战争中，羿是尧的马前卒，也是替罪羊。因为这事做得实在不光彩，不好意思扬铃打鼓，只能过河拆桥，卸磨杀驴，让羿去认倒霉。

九个或许多小部落就这样被消灭了。

死里逃生的，只有鲧的儿子禹。

禹，也是太阳部落吗？有可能。夏文明以太阳为神就是证明。而且，也许正因为夏人崇拜太阳，那些和鲧一起遇难的族群，便被追认为太阳部落。

但，鲧为什么被害，禹又为什么逃生？

也只能有一种解释：他们发展太快。鲧很可能是鱼，至少与鱼有关，而鱼是女性生殖崇拜的象征。禹则是虫，是长虫，也就是蛇，后来又变成龙。龙蛇，是男性生殖崇拜的象征。[18]

因此，鲧生禹，就意味着不但从母系变成父系，还迅速成为部落。当然，他们也可能一直保持着母系的徽号，由鲧氏族而鲧部落，被禹重建后才改姓更名。总之，这个族群的崛起很让尧头疼。起先还只是顾忌和防范，后来便顿起杀心。

终于，鲧被处死在羽山。

起因是抗洪救灾。当时，滔天的洪水淹没了大地，四岳和十二牧都推荐鲧担任前线总指挥，只有尧反对。尧说：鲧这个人违抗命令，残害同胞，不可重用。

四岳则说：没有比鲧更合适的人选。

尧只好同意，却又在暗中寻访杀手。没错，要对付四岳和十二牧都拥护的，已不能靠羿这样的小弟。舜，就是在这关键时刻出现在尧面前的。而且他刚刚得到代理首席执行官的授权，就在检查工作时以渎职的罪名杀了鲧。[19]

显然，这是蓄谋已久的屠杀。因为尧反对鲧做抗洪总指挥的理由，并非是不懂技术，而是品质恶劣。可见罪名早已罗织，治水不力只是借口，或雪上加霜。事实上，就算当时有问责制，处分也不必如此之重，何况鲧又何尝道德败坏？屈原就说鲧是由于为人耿直，才会死于非命。[20]

鲧，一定是被冤杀的。

被冤杀的鲧死不瞑目。他的尸体三年不腐，新的生命却在腹中孕育成长。没办法，只能剖腹产。结果，一条头上长角的虬龙腾空跃起，他就是禹。诞生了禹的鲧，则变成黄熊或三足鳖，在羽山或羽水出没咆哮。[21]

好得很！杀了鲧一个，自有后来人。

不过尧舜的作案过程，都被后世儒生抹去，证据也销毁得一干二净。他们甚至编造故事说，鲧为了救灾，从天庭盗窃了息壤。这种生生不息的神土止住了洪水，鲧自己却由于违犯天条而被杀。执行死刑命令的，是火神祝融。[22]

这简直就是中国的普罗米修斯，只不过一个窃火，一个窃土。但如此嫁祸于神，却弄巧成拙。因为这故事雄辩地证明了，鲧不但没有道德问题，反倒是敢于牺牲的英雄。就连治水功亏一篑，都不是他的责任。

也因此，舜的问责毫无道理。

实际上，真正的凶手就是舜，尽管后台是尧。只不过尧机关算尽，最后还是被舜摘了桃子。鲧被镇压后，舜部落就空前强大起来，尧也只好将职位拱手相让。但，联盟的老大不是没多少权力和油水吗，犯得着如此争夺？

哈，那是早期，后来就不一样了。要知道，权力一旦被发明出来，就会自我膨胀；掌握了权力的人则会像鸦片鬼那样越吃越上瘾。尧就已经有瘾。尧用舜二十年，又让他代理职务八年，直到死前都没放手，这也叫禅让？舜的欲望又大过尧。如果不是一命呜呼，才不会交出权力。[23]

当然，接过权杖的，是鲧的儿子禹。

交权未必情愿，真相则也许是：鲧和禹的族群掌握了当时最先进的水利技术。这种技术在鲧氏族时代还不成熟，所以鲧治水遭遇挫折。但到禹部落时代就遥遥领先，因此禹大获成功。无论怎样，尧和舜都既羡慕嫉妒又无可奈何。

除了举起屠刀或交出权力，他们其实别无选择。

事实上在那个时代，谁掌握了先进的技术，谁就代表着先进的生产力和文化，也就能成为世界领袖。后来，掌握了青铜技术的商如此，掌握了农业技术的周如此。在尧舜时代的后期，掌握了水利技术的禹和禹部落，也如此。

冤死的鲧可以瞑目。他的子孙将在那滔天的洪水之中腾空一跃，勃然崛起，巍然屹立。

哗啦啦的黄河水呀！

## 最后一班岗

现在，禹站到了舜的面前。

治水成功的禹，也许是到联盟总部来述职的。舜也给他颁发了勋章，是一块黑色的尖顶石头。毕竟，水利技术的核心机密在禹手里，舜不敢赶尽杀绝，也不得不让他三分。

这几乎注定是一次尴尬的会见。尽管司马迁用心良苦地极力营造“温良恭俭让”的氛围，这次对话却仍然像唐人罗隐笔下的黄河——“才出昆仑便不清”。舜对禹，并无慰问褒奖；禹对舜，也不歌功颂德。只有新任司法部长皋陶，絮絮叨叨地大讲精神文明和道德建设的重要性。

结果，皋陶在禹那里碰了软钉子。禹对皋陶道德高调的回答是：你说的这些，只怕尧也做不到吧？如果能做到，又担心什么驩兜，放逐什么有苗呢？

于是舜只好对禹说：你也谈点建设性意见嘛！

禹答：我能有什么可说的？我每天想的就是孳孳。

皋陶反问：什么是孳孳？

禹答：孳孳就是孜孜不倦，生生不息。洪水滔天，民不聊生，我只能跋山涉水，访贫问苦，深入基层，跟益还有稷一起，解决人民群众的温饱问题。

皋陶说：没错，这是你的美德。

禹又对舜说：老大！CEO不好做，总得谦虚谨慎，对得起天地良心才行。只有光明正大，勤政爱民，皇天上帝才会不断赐福予你。呵呵，看护好你的职位吧！[24]

那会儿，不知道禹的随员是否在场。如果在，定是一排黑瘦的乞丐似的东西，不动，不言，不笑，铁铸一般。[25]

舜和皋陶的脸上，则不知是何表情。

司马迁讲这故事时，已是再三斟酌，修饰润色，缝缝补补，但还是留下了破绽，虽然只有斑斑点点，几行陈迹。

有三个细节值得注意。

首先是听完禹的陈词后，舜对禹说：啊！啊！你要做我的股肱（读如工，股肱即大腿和手臂），做我的耳目。接下来他又叹了一口气说：以后有什么意见就请当面讲，不要背后嘀咕。举贤任能，远离小人，我还是做得到的。

呵呵，这很有意思。

其次是会见之后，皋陶立即下了一道命令，要求所有的人都向禹学习，以禹的言行举止为榜样，否则就算犯罪。这件事的真实性值得怀疑。因为正如我们将在《奠基者》一卷中要讲的，以德治国是周人的主张，皋陶怎么会有这种观念？就连他前面的絮絮叨叨，恐怕也是司马迁代笔。

那么，皋陶倒向了禹吗？

也未必。为了营造和谐的气氛，联盟的文化部长夔举办了大型歌舞晚会。那是百兽率舞凤凰来仪的场面，舜也亲自为演出撰写了歌词：股肱欣喜，元首兴起，百官得体！

皋陶却应和道：元首闪光，股肱贤良，万事安康。[26]

这就是第三个值得注意的细节：舜已经把股肱也就是禹放在了首位，皋陶却把这颠倒了的次序重新颠倒过来。看来皋陶并不甘心联盟的江山易手，他还要力挽狂澜。

那么，皋陶会成功吗？

也不能。

哈哈！西边的太阳就要落山，尧舜的时代就要终结。

事实上，禹是部落联盟的最后一任首席执行官。在站完最后这班岗后，他的儿子启，便彻底颠覆禅让制，实行世袭制，建立了中国历史上第一个国家——夏。

禹，是远古时代的曹操；启，是远古时代的曹丕。

这其实也是时势使然。

众所周知，禹和启之前，一直有两个东西在并行不悖地同步发展，并互为因果，这就是财富和权力。这两个东西在夏娃代表的原始群时代是没有的，到女娲和伏羲的时代却悄然诞生。而且，一旦有了财产的归属，作为财富主要创造者的男人就会要求确认父系的继承权，权力也随之产生。当权力和财富都越来越多地集中到男性首长的手中时，他们便会强烈要求权力也像财产一样，按照父系的血统来继承。

这就是尧舜禹时代的天下大势。

事实上，尧舜虽非世袭制，却已是终身制。从终身制到世袭制，其实只有一步之遥。

制度的革命，势在必行。

现在，只需要有一个机关、一个称号、一个名义、一种说法，为新的制度加冕，并盖上社会普遍承认的印章。

实际上，它也确实被发明了出来。

它的名字，就叫国家。[27]

也就在这时，我们和世界各民族一起，走完了史前时代的共同道路。下一步，将分道扬镳。

本卷终

请关注下卷《国家》

# 后记

# 破冰之旅

## 1. 出发点

2011年5月12日，我到上海拜见吴敬琏先生，向他老人家讨教一些学术问题。没想到的是，谈到最后，吴先生反过来问了我一个问题：你怎样保证你说的历史是真实的？

老先生问得有道理！

据我所知，这也是许多人想问的，而且不难回答。只不过在此之前，必须先弄清楚我们为什么要有历史或历史学。

这才是根本性的。

是啊，我们为什么要有历史，又为什么要学历史、讲历史、讨论历史呢？为了茶余饭后的谈资吗？有五花八门的野史、段子、道听途说和流言蜚语足矣，用不着管它是否真实。为了学习权术权谋，处理人际关系，对付张三李四吗？有《三国演义》之类的玩意也就够了，同样用不着管它是否真实。

那么，为什么总会有人，哪怕是一部分人，极其看重历史的真实性，对正说比戏说更有兴趣呢？

也许，追求真实是人的本性。

真相从来就是有魅力的，它满足的是我们与生俱来的朴素好奇心。这种好奇心就连某些动物都有。比如科考队架设在北冰洋用来偷拍的摄像机，尽管伪装成雪块，也会被北极熊们统统拆掉，因为它们很想知道这东西究竟是什么。小孩子会把自己的玩具大卸八块，也如此。

好奇心是天然的。

事实上，好奇心几乎是所有文化和文明成果的出发点。科学是对自然的好奇，艺术是对心灵的好奇，宗教是对归宿的好奇，文学是对生活的好奇。就连巫术也如此，它是对命运的好奇，也是对掌握命运之可能的好奇。

那么历史呢?

## 2. 目的地

表面上看，历史是对过去的好奇，其实不然。

作为“故事” ——已故的事件，历史就是历史。你知道也好，不知也罢，正说也好，戏说也罢，它是什么样，就是什么样，并不会因为我们的确知或无知而稍有改变。那么，又何必一定要知道真相呢?

因为我们就是历史，历史就是我们。无论自觉还是不自觉，每个人都生活在历史当中。我们的今天，对于明天就是历史，正如此刻是昨天的延续。

了解历史，是为了看清自己。

这就必须知道来龙去脉。只有知道从哪里来，才知道到哪里去，包括要到哪里去和能到哪里去。也就是说，追根寻源，是为了建立文化系统，实现身份认同，找到人生坐标。

这是我们的目的地。

何况童年是值得追忆的。没人不想知道自己是谁生的，家在何处，小时候长什么样，有过怎样的天真和顽皮。因此本中华史的第一部分便是“先秦”，第一卷则是《祖先》。

找到了祖先，就找到了根本。

但这很难。天上的星星不说话，地下的文物也不说话。它们集体地保持沉默，共同看守着那亘古的秘密，要到世界末日才会重新咆哮和歌唱。

能帮上忙的，也许只有神话和传说。

神话和传说，就是民族的童年记忆。童年的记忆难免模糊，甚至错乱，何况还会被非法或合法地投放添加剂。于是一片光怪陆离之中，便既有神话和童话，又有鬼话、胡话和谎话，而且结结实实地冻成了冰块。

我们的舰队，刚刚出发就一脚踏进了北冰洋。

### 3. 北冰洋

冰块是两三千年前甚至更早就结成的，因此不但“骗了无涯过客”，也瞒过了千万双睿智的眼睛。比如女娲和伏羲都“人首蛇身”，甚至是夫妻或兄妹；炎帝姓姜，黄帝姓姬是因为住在姜水和姬水；等等等等。这些说法基本上被学界普遍认同，很少有人想到其实是谎言。

还有尧舜，也很可疑。

可疑并不奇怪。事实上，任何由文字构建的历史，都是拥有话语权的人在书写；占统治地位的思想，也一定是统治阶级的。为了获得和保有控股权，他们用官方意识形态将神话传说包装上市，把史前变成创业板，把先民变成股民。

这就要重新审视，但不意味着全盘否定，更不意味着那些看起来荒诞不经的只言片语就一定不靠谱。相反，所有民族的神话和传说，都是历史上突出片段的记录，也无不隐含着某种文化的秘密和梦想。要知道，神的世界就是人的世界，神的历史就是人的历史，是人类自我认识的心灵史。只不过，云遮雾障，真伪难辨，语焉不详。

必须破译这些“达·芬奇密码”。

实际上，传说中的神或人，就是一些文化的符号和代码，是远古历史的象形文字。只要抹去神秘的油彩，我们就能打开迷宫，依稀看见一些真实的东西。

是的，依稀。

问题是如何鉴别真伪，完成我们的破冰之旅。拿着一张标错方向、航道和岛屿名称的海图，是找不着北的。

也许，需要导航仪。

## 4. 导航仪

导航仪有三个：直觉、逻辑、证据。

直觉是必需的，它会告诉我们哪里不对，哪里出了问题，或有问题需要研究。这种能力来自天赋，也来自经验。经验证明，越是众口一词，越是问题多多。史家认识一致的地方，往往就是误区密集之处，这几乎是屡试不爽的。

因此，那些由官方意识形态和国民集体无意识塑造的历史，未必是本来面目。背后那张脸，也许更真实。

尽信书不如无书，无怀疑即无学问。

怀疑、批判、分析、实证，加起来就是科学精神。有此精神，就不会死读书，也就会有直觉。

因此，我在1988年读了赵国华先生的《生殖崇拜文化论》后，便断定女娲绝不可能是“蛇妹妹”，只可能是“蛙女神”。

鲧则应该是禹的“母亲”，而不是“父亲”。或者说，这个族群经历了母系氏族、父系氏族和部落三个阶段。鲧，是母系氏族时期族群的称号。它可能延续到部落时期，但最终还是会更换为代表父系的禹。

这是可以由逻辑推理来证明的，逻辑决定了所有文化现象和文化模式发生的先后次序。事实上在原始时代，人们都只认识母亲，不知父亲是谁。世界各民族最早的神，也清一色是女神。毕竟，所有人都是女人生的。因此男性生殖崇拜一定在女性崇拜之后，然后才可能有图腾崇拜和祖宗崇拜。既然如此，女娲怎么可能跟伏羲一样是蛇？鱼崇拜的鲧，跟蛇崇拜的禹，又怎么可能是父子？

逻辑比知识和经验都重要，也比学术权威的说法更可靠。因为逻辑是公器，不会屈从强权，迁就庸众，迎合学界，讨好媒体。如果直觉与逻辑相一致，结论就不会太离谱。

需要的，只是证据。

## 5. 发现号

证据也有三种。第一种是民国以来老一辈历史学家的研究成果。这些老先生往往都学贯中西，兼有清代朴学的功底，近代西学的眼光，许多结论是靠得住的。第二种是比较可靠的历史典籍，比如《诗经》和《左传》，但对《尚书》和《国语》就得小心。最可靠的是第三种，即出土文物和古文字。因为甲骨文和金文，彩陶和青铜器，都不会撒谎，也没有添加剂。因此，如果前两种证据与第三种相冲突，必以出土文物和古文字为准。

绝对的真实没人能够做到。但有此三招，就可能更接近相对的真实。当然，接近而已。

必须感谢前辈学人，他们早就发现了古代文献的可疑之处。必须感谢文字学家，他们早就在揭示古代文化的秘密。还必须感谢国际关系学院李蓬勃先生，他在我还没买到《古文字诂林》时，将相关内容拍成照片发到我邮箱，并对我的某些误解和误读进行了纠正。

于是我确认：女娲是蛙，伏羲是羊，炎帝是三皇，黄帝不姓黄。我也有了新的发现，比如炎帝的妈妈是“牧羊女”，黄帝的妈妈是“漂亮妞”，而蚩尤则其实是“蛇灾”。这些结论，都可以从这三种证据那里得到强有力的支持。正是这些证据，为我们的发现之旅保驾护航。

北冰洋上，破冰船锐不可当。

它的名字，叫“发现号”。

很好！有直觉、逻辑和证据做导航仪，有前辈学人、历史典籍、出土文物和古文字做护驾者，我们的“发现号”就不会变成当年的“泰坦尼克”。

## 6. 处女航

破冰船直抵目的地。

本次航行的目的地是文化系统，以后才是身份认同。

这也是“易中天中华史”前三卷的任务。第一卷《祖先》建立史前文化系统；第二卷《国家》建立世界文明系统；第三卷《奠基者》建立中华文明系统。系统建立，坐标就清清楚楚明白无误了。

为此，本卷得出以下最重要的结论：从史前到文明，人类的社会组织依次是原始群、氏族、部落、部落联盟、国家。从文化程度看，它们可以称之为点、面、片、圈、国。其中，夏娃代表原始群，女娲和伏羲代表氏族，炎帝和黄帝代表部落，尧舜禹代表部落联盟，夏商周代表国家时代，只不过分别是部落国家（夏）、部落国家联盟（商）和国家联盟（周）。

从氏族，到部落，再到国家，也都有各自的文化标志。在我们历史上，则依次是生殖崇拜、图腾崇拜和祖宗崇拜。生殖崇拜和图腾崇拜是世界各民族都有的，祖宗崇拜则是中国特色。正是它，决定了我们民族今后要走的路。

因此，尽管祖宗崇拜要到第二卷才会讲述，中华文明最核心的秘密则要到第三卷才能揭晓，但有此系统，我们的舰队就算一路凯歌到达了北极。

处女航成功了！

完成了破冰之旅的舰艇，将被开回船坞进行装修，然后交付诸位使用。至于我们，则将进入下一个航程。

下回我们不坐船，改乘飞机。

## 附：修订本后记

不知道若干年后，还会不会有人仍然记得 2016 年盛夏的酷热，但我是不会忘记的。因为当时我在热浪包围的江南某镇，用一个多月的时间将前三卷《祖先》《国家》和《奠基者》修订了一遍。毕竟，2012 年开始写作的这三卷就像小母鸡的头生蛋，带着血丝，个头也小。现在，前十六卷已经出齐，我们也从先秦走到了隋唐，该修订一下了。

改稿其实并不容易，有时候甚至比写作还难。但是为了精益求精，有必要对自己进行革命。因此《国家》一卷不少章节干脆推倒重来，我称之为“政变式改稿”。

非常感谢编辑团队表示了充分理解，他们也对原来的插图和排版做了调整甚至更新。可以说，我们一起做了苹果手机常常做的事情。只不过，尽管新版的页码增加了，印刷成本也增加了，定价却不变。我们的唯一目的，就是想让产品更好一些。如果由此给读者带来不便，我深表歉意！

易中天

2016 年 8 月 23 日

# 注释

## 第一章

1 女娲造人时的场景描述，出自鲁迅《补天》，原文是：粉红色的天空中，曲曲折折的漂着许多条石绿色的浮云，星便在那后面忽明忽灭的䀹眼。天边的血红的云彩里有一个光芒四射的太阳，如流动的金球包在荒古的熔岩中；那一边，却是一个生铁般的冷而且白的月亮。然而伊并不理会谁是下去，和谁是上来。

2 见《太平御览》卷七十八引《风俗通义》：俗说天地开辟，未有人民。女娲抟黄土作人，剧务，力不暇供，乃引绳絙于泥中，举以为人。故富贵者，黄土人；贫贱者，引绳絙人也。

3 见《绎史》卷三引《风俗通义》：女娲祷祠神，祈而为女媒，因置昏（婚）姻。

4 以上见《史记》司马贞补《三皇本纪》，《山海经·大荒西经》郭璞注，《淮南子》之览冥篇、天文篇，并请参看袁珂《中国古代神话》。

5 见《圣经·创世纪》第二章。

6 以上均请参看莫里斯《裸猿》。

7 以上动物学问题，均请参看莫里斯《裸猿》。

8 性器官称为私处，睡觉称为性生活代名词，是全人类的普遍现象，请参看莫里斯《裸猿》。

9 将人类的历史进程分为蒙昧时代、野蛮时代和文明时代三个阶段，是摩尔根的观点。请参看摩尔根《古代社会》，恩格斯《家庭、私有制和国家的起源》。

## 第二章

1 请参看易中天《艺术人类学》。

2 请参看雷·肯拜尔等《世界雕塑史》。

3 摩尔达维亚在东欧，位于喀尔巴阡山和普鲁特河之间，包括今罗马尼亚东北部、摩尔多瓦、乌克兰的局部地区。关于“白夫人”塑像的情况，见戴维·李明《欧洲神话的世界》。

4 见卡尔·萨根《伊甸园的飞龙》，卡西尔《人论》。

5 但在我们民族，主神中的女神只剩下女娲，其余为次神，甚至妖。

6 米诺斯是爱琴海地区的古代文明，出现于古希腊迈锡尼文明之前的青铜时代，约存在于公元前3000年至前1450年。该文明的发展主要集中在克里特岛，突出特点是崇拜女神而非男神。请参看戴维·李明《欧洲神话的世界》。

7 娲的读音，《汉语大字典》称：《广韵》古华切，平麻见。又古蛙切，《正字通》音蛙。歌部。蜗牛的蜗，古华切，平麻见。又古蛙切。歌部，跟娲的读音一样，也是“呱”。为此，我请教了李蓬勃先生。李先生答：娲和蜗，声符相同，古音也的确相同（见母，歌部），但没有意义上的关联或文字通用的证据。如果“读如”只是标音，无误；若是探求语源或通假，无据。

8 请参看郑为《中国彩陶艺术》。

9 鱼是女阴的象征，最早被闻一多先生发现，后来被李泽厚先生暗示，最后被赵国华先生道破天机。本书关于花、鱼、蛙作为女性生殖崇拜象征物的意义，均引自赵国华《生殖崇拜文化略论》。

10 科学家发现，月经是灵长目动物的唯一共性，请参看郑也夫《文明是副产品》。

11 太阳神和月亮神的性别，世界各民族并不完全一样，这里暂不讨论。

12 羲和，见《山海经·大荒南经》；常羲，见《山海经·大荒西经》。帝俊就是帝喾，甚至是舜，见袁珂《中国古代神话》。

13 后羿射日和嫦娥奔月均为民间神话传说故事，其中细节及学术界的争议，比如嫦娥的丈夫究竟是后羿还是大羿等等，这里不讨论。

14 大地在中西方都是女性的，比如希腊的盖娅和中国的坤卦。

15 见《风俗通义·皇霸》引《春秋纬运斗枢》。

16 《淮南子·外八篇》称：羿请不死之药于西王母，托与姮娥（即嫦娥）。逢蒙往而窃之，窃之不成，欲加害姮娥。娥无以为计，吞不死药以升天。然不忍离羿而去，滞留月宫。广寒寂寥，怅然有丧，无以继之，遂催吴刚伐桂，玉兔捣药，欲配飞升之药，重回人间焉。《淮南子·览冥训》则称：羿请不死之药于西王母，姮娥窃以奔月，怅然有丧，无以续之。高诱注：姮娥，羿妻；羿请不死药于西王母，未及服食之，姮娥盗食之，得仙，奔入月中为月精也。

17 《初学记》卷一引古本《淮南子》，于“姮娥窃以奔月”句下，尚有“托身于月，是为蟾蜍，而为月精”十二字。（清）马骕《绎史》卷十三引张衡《灵宪》亦称：嫦娥遂托身于月，是为蟾蜍。

18 赵国华先生《生殖崇拜文化略论》认为，蟾字转音，就是嫦，即“嫦娥”。蜍字转音，就是兔，即“玉兔”。但嫦娥本名姮娥，由于为避汉文帝刘恒的讳，才改为嫦娥。赵说似可商榷，但玉兔与蟾蜍和嫦娥之间应该有某种关联。

19 男女杂游，不媒不聘，见《列子·汤问》；但知其母，不知其父，见《白虎通·号篇》。

## 第三章

1 请参看赵国华《生殖崇拜文化略论》。

2 伏羲又叫伏戏、庖牺、宓羲、虙羲，被明确看作神农之前的圣王始于《战国策》。他可能是雷神之子，见袁珂《中国古代神话》。《文选·洛神赋》注称洛神宓妃即伏羲之女。

3 见许慎《说文解字》卷十二。

4 据《易·系辞下》，“作结绳而为罔罟，以佃以渔”的是伏羲，“斫木为耜，揉木为耒”的是神农。

5 关于狩猎技术变成狩猎巫术，请参看朱狄《原始文化研究》。

6 伏字的甲骨文上面是人，下面是犬。许慎《说文解字》称“从人从犬”，戴家祥称其意义乃由“伏伺”而“俯伏”而“隐伏”（《金文大字典》上册）。

7 帝字的解释见郭沫若《释祖妣》，六字真言的翻译见赵国华《生殖崇拜文化论》。

8 礼起源于祭祀，已成为学界共识。礼字上半部，是一个盛放了玉的器皿，即王国维先生所谓“盛玉以奉神人之器”（《观堂集林·释礼》）。郭沫若先生更明确认为是放了“两串玉具”(《十批判书》)。

9 见《吕氏春秋·古乐》。

10 请参看格罗塞《艺术的起源》。

## 第四章

1 炎帝是伏羲的接班人，依据在清代吴乘权《纲鉴易知录》：“炎帝以火德代伏羲治天下，其俗朴，重端悫，不忿争而财足，无制令而民从，威厉而不杀，法省而不烦，于是南至交趾，北至幽都，东至旸谷，西至三危，莫不从其化。”

2 见《淮南子·时则训》高诱注：“炎帝，少典之子，号为神农，南方火德之帝也。”《绎史》卷五引《新书》：“炎帝者，黄帝同母异父兄弟也，各有天下之半。”

3 见顾颉刚《中国上古史研究讲义》。

4 见毛泽东《贺新郎·读史》。

5 见《史记·秦始皇本纪》。

6 见《史记·补三皇本纪》。

7 见《风俗通义·皇霸》引《春秋纬运斗枢》。

8 见《白虎通》。

9 见《通鉴外纪》。

10 见《风俗通义·皇霸》引《礼纬含文嘉》。

11 见（清）马骕《绎史》卷四引《帝王世纪》。

12 见《白虎通·五行》。

13 马叙伦《说文解字六书疏证》称：神农为牧羊之族。或以羊为其图腾。生于牧羊之族或以羊为图腾者。因以为姓。

14 见《国语·晋语四》："昔少典娶于有蟜氏，生黄帝、炎帝。黄帝以姬水成，炎帝以姜水成。成而异德，故黄帝为姬，炎帝为姜。"

15《国语》可信程度不高，见顾颉刚《中国上古史研究讲义》。姜姓是因游牧而进入中原的西戎羌族之一支，见范文澜《中国通史》。羌是"西戎牧羊人"，见许慎《说文解字》。马叙伦《读金器刻词卷下》则称"羌与姜同"，并认为姜与羌是同一个字。

16 伏羲是东方夷族还是南方蛮族，学术界有争议，这里不讨论。

17 请参看弗雷泽《金枝》。

18 此外还有妫（舜的后代）、娀（高辛之妃，商族之母）、妁、如、好、妙、妊、妞，也是。

19 图腾（totem）本是北美洲奥杰瓦人的语言，意思是"他的亲族"。图腾制度和图腾崇拜的基本教义，是坚信族群的所有成员，无论血缘亲疏，都有一个共同的祖先。这个共同祖先是男性的，却又不是人。它们大多是动物，少数是植物，极少数是自然现象。但无一例外，既神圣，又神秘。

20 耕牛的文字记载始见于《论语》。据孙机《中国古代物质文化》，犁和耕牛的使用大约在周。

21 吴其昌《殷虚书契解诂》称：自奉羊以为其图腾者，则夏人指目之曰“羌”矣。

22 据赵国华《生殖崇拜文化略论》，蛇与蛙和平共处的图案，在战国时期的青铜器上还有，后来就发展为雌雄同体的“玄武”。玄武不可能是龟蛇合体，而应该是蛙蛇合体。

23 见恩格斯《家庭、私有制和国家的起源》。

24 许慎《说文解字》称：上古草居，患它（蛇），故相问无它乎。叶玉森《殷墟书契前编集释》卷一称：古人足触它（蛇）首则惊呼有它。但对于“它”字也有不同解释，见《古文字诂林》第十册。

25 孙海波《甲骨金文研究》称：古文它也孙一字。许慎《说文解字》称：也，女阴也。但对于“也”字也有不同解释，见《古文字诂林》第九册。

26 以上两节有关论述均请参看恩格斯《家庭、私有制和国家的起源》。

## 第五章

1 见《韩非子·十过》。

2 关于皇、帝、华、夏四个字的解释，请依次参看《古文字诂林》第一册224页、第一册44页、第六册107页、第五册660页。至于文字学家的争议，这里不讨论。

3 见《淮南子·天文训》。

4 见《史记·封禅书》。

5 见《史记·五帝本纪》司马贞《索隐》引皇甫谧："黄帝生于寿丘，长于姬水，因以为姓。居轩辕之丘，因以为名，又以为号。"

6 见夏鼐《中国文明的起源》。

7 炎黄相距五百年，见《史记·五帝本纪》司马贞《索隐》引皇甫谧《帝王代纪》。

8 请参看马叙伦《说文解字六书疏证》卷二十四。

9 马叙伦称"姬姓疑盖本为牧鸡之族"，见《读金器刻辞》卷下。

10 这个解释，分别见《古文字诂林》第九册所引于省吾、徐中舒，《古文字诂林》第一册所引叶玉森、王献唐。

11 见朱歧祥《殷墟甲骨文字通释稿》。

12 见《国语·周语下》："我姬氏出自天鼋"。

13 见戴家详《金文大字典》中。关于氏的其他解释，请参看《古文字诂林》第九册927—930页。

14 见《史记·五帝本纪》。

15 见《易·系辞下》。

16 见《史记·封禅书》:“三曰兵主，祠蚩尤。”《史记正义》引《龙鱼河图》:“黄帝遂画蚩尤形象以威天下，天下咸谓蚩尤不死，八方万邦皆为弭服。”

17 蚩尤是九黎族部落的酋长，见《史记正义》引孔安国注。

18 虫、它、蛇，古为一字，见罗振玉《增订殷墟书契考释》。蚩是“蛇咬脚”，见周策纵《说“尤”与蚩尤》、徐中舒《甲骨文字典》。

19 见陈独秀《小学识字教本》。

20 见《太平御览》引《龙鱼河图》，任昉《述异记》。

21 分别见《史记·五帝本纪》、《逸周书·尝麦解》、《山海经·大荒北经》、范文澜《中国通史》。

22 蚩尤请风伯雨师作大风雨，见《山海经·大荒北经》。指南车，见《太平御览》引《志林》。天遣玄女下授黄帝兵信神符，制伏蚩尤，见《史记正义》引《龙鱼河图》。

23 见《山海经·大荒南经》郭璞注。

24 见《史记正义》引《龙鱼河图》:“帝因使之主兵，以制八方。”

25 见范文澜《中国通史》。

26 龙的形象早已出现，见干振玮《龙纹图像的考古学依据》、陆思贤《神话考古》、王先胜《黄帝部落的图腾是什么》。例证有：距今一万年的山西吉县柿子滩龙纹岩画，距今六七千年前的赵宝沟文化鸟首龙、鹿首鱼尾龙、猪首牛角龙，濮阳西水坡仰韶文化鳄鱼龙，红山文化综合了熊、马、蛇等形象的玉龙，内蒙古清水河出土庙底沟类型巨型鱼龙夯土雕像，四千多年前陶寺文化的蟠龙，二里头文化一首双身龙纹陶片。

## 第六章

1 对尧舜的质疑，早已有之，见顾颉刚《中国上古史研究讲义》。

2 颛顼半人半鱼，见《山海经·大荒西经》；皋陶鸟嘴，见《白虎通·圣人》，马嘴，见《淮南子·修务》；帝喾鸟头猴身，夔是独脚神牛，均见袁珂《中国古代神话》的考证。

3 许慎《说文解字》：“鲧，鱼也”；“禹，虫也”。孙诒让称“禹为虫名，则亦当象虫形”；高鸿缙称“禹为多足之虫”；陈邦怀称“字象爬虫之形”，均见《古文字诂林》第十册。

4 尧的姓，也是糊涂账。作为传说中黄帝的五世孙，应该姓姬。司马贞《史记索隐》说他姓伊祁，则尧应该叫“伊祁放勋”。这是中国人还是日本人？

5 见《韩非子·五蠹》。

6 见《高士传》。

7 分别见郭沫若《中国古代社会研究》、翦伯赞《中国史论集》。但郭说尧舜是“以母系为中心的社会”，则可以商榷。

8 见《国语·周语下》。

9 韩非子的说法，见《韩非子·说疑》和《韩非子·显学》；康有为的说法，见《孔子改制考》；顾颉刚的说法，见《与钱玄同先生论古史书》和《禅让传说起于墨家考》。

10 夔叫“后夔”，羿叫“后羿”，见《左传·昭公二十八年》。

11 见《史记·五帝本纪》。

12 见《左传·文公十八年》、《史记·五帝本纪》。

13 有学者认为，后羿射日的故事应该产生在夏代，或者殷商。夏王是称为后的，比如夏后启。夏后以太阳自居，夏历以天干纪时。天干十个字(甲乙丙丁戊己庚辛壬癸)，正是“天有十日”的意思。何况当时人们诅咒夏后桀的民歌，歌词也是：你这该死的太阳什么时候完蛋，我愿跟你一起灭亡！见谢选骏《空寂的神殿》。又有人认为，射日的是大羿，不是后羿。因为据《史记》司马贞索隐和张守节正义，后羿是夏代有穷氏的酋长。但据《左传·昭公二十八年》，杀封家的叫后羿，也是有穷氏的酋长。可见后羿射日之说并无错误，夏代后羿是射日后羿的后代。又，《楚辞·天问》王逸注和《淮南子·本经篇》都说后羿射日是尧的命令，袁珂《中国古代神话》则称后羿系天帝帝俊派遣。

14 见《楚辞·天问》王逸注，《淮南子·本经篇》，《山海经·海内经》。

15 请参看袁珂《中国古代神话》，本书第二章注16。

16 《山海经·大荒南经》称：羲和者，帝俊之妻，生十日。《山海经·大荒西经》称：帝俊妻常羲生月十有二。

17 浑沌即驩兜，见《史记正义》；驩兜人面鸟嘴还有翅膀，见《山海经·海外南经》；共工是水神，曾与颛顼争帝，见《左传·昭公十七年》；共工是火神祝融的儿子，见《山海经·海外南经》；共工和驩兜同事，见《史记·五帝本纪》。

18 鲧是鱼，见许慎《说文解字》；禹可能是蜥蜴，见赵国华《生殖崇拜文化论》；禹从鲧的肚子里生出，见《楚辞·天问》、《山海经·海内经》；剖腹产，见《山海经·海内经》注引《开筮》；禹头上长角，是一条虬龙，见杨宽《中国上古史导论》、袁珂《中国古代神话》。

19 以上见《史记·夏本纪》。

20 见《楚辞·离骚》。

21 见《左传·昭公七年》，《山海经·海内经》。

22 见《山海经·海内经》。

23 见《史记·五帝本纪》。

24 见《史记·夏本纪》。

25 见鲁迅《故事新编·理水》。

26 见《史记·夏本纪》。

27 请参看恩格斯《家庭、私有制和国家的起源》。

## 本卷大事年表

约三百九十万年前，南方古猿出现。

约一百八十万年前，直立人出现。

约二十万年前，智人出现。

约五万年前，母系社会出现。

约一万五千年前，母系社会结束。

约一万两千年前，人类移民至所有非冰封大陆。

约公元前九千年，农耕社会出现。

约公元前六千年，撒塔尔·胡尤克女神像出现。

约公元前五千年，中国人开始务农。

约公元前四千年，“白夫人”女神像出现。仰韶文化出现鱼蛙纹。

约公元前三千年，国家出现。马家窑文化出现蛙纹。

约公元前两千年，米诺斯文明出现生殖崇拜仪式。二里头文化兴起，有观点认为这是“夏代”的遗迹，中国历史进入以“夏商周”为起始的谱系。

关注“易中天”微信公众号，

看易中天评古论今，让思想文化更适合当代人。

易中天中华史：祖先

产品经理｜贺彦军
学术顾问｜陈　勤
法律顾问｜黄荣楠
后期制作｜白咏明
出版统筹｜吴　畏

插图绘制｜赵　闯
方佳翮
何　姝
高文婧
钟　蓉

装帧设计｜Mirro
内文设计｜谈　天
特约印制｜梁拥军
策 划 人｜路金波

易中天中华史

第一部［先秦］01——06 卷
01 祖先　02 国家　03 奠基者　04 青春志　05 从春秋到战国　06 百家争鸣

第二部［秦汉魏晋南北朝］07——12 卷
07 秦并天下　08 汉武的帝国　09 两汉两罗马　10 三国纪　11 魏晋风度　12 南朝，北朝

第三部［隋唐］13——16 卷
13 隋唐定局　14 禅宗兴起　15 女皇武则天　16 安史之乱

第四部［宋元］17——20 卷
17 大宋革新　18 王安石变法　19 风流南宋　20 铁血蒙元

第五部［明清］21——24 卷
21 朱明王朝　22 严嵩与张居正　23 大航海时代　24 命运和选择

图书在版编目（CIP）数据

祖先 / 易中天著. -- 杭州 : 浙江文艺出版社，2016.1（2021.11 重印）
（易中天中华史）
ISBN 978-7-5339-4291-5

Ⅰ. ①祖… Ⅱ. ①易… Ⅲ. ①远古文化—中国 Ⅳ. ① K210.3

中国版本图书馆 CIP 数据核字 (2015) 第 226381 号

易中天中华史
祖先
易中天 著

责任编辑 金荣良
装帧设计 朱镜霖
插　　画 赵 闯 方佳翮 何 姝 高文婧 钟 蓉

出版发行 浙江文艺出版社
地　　址 杭州市体育场路 347 号　邮编 310006
网　　址 www.zjwycbs.cn
经　　销 浙江省新华书店集团有限公司
　　　　 果麦文化传媒股份有限公司
印　　刷 河北鹏润印刷有限公司
开　　本 890 毫米 ×1280 毫米　1/32
字　　数 122 千字
印　　张 7
印　　数 291,801-311,800
版　　次 2016 年 1 月第 1 版
印　　次 2021 年 11 月第 36 次印刷
书　　号 ISBN 978-7-5339-4291-5
定　　价 45.00 元